Duden

Das Grundschulwörterbuch
Englisch

5., vollständig überarbeitete und ergänzte Auflage

von Ute Müller-Wolfangel und Cornelia Pardall
muttersprachliche Beratung durch David Wilson

mit Bildern von Kerstin Meyer

Dudenverlag
Berlin

Alle englischen Wörter in diesem Buch können unter
www.duden.de/gswb-englisch angehört werden.

Bibliografische Information der Deutschen Nationalbibliothek
Die Deutsche Nationalbibliothek verzeichnet diese Publikation
in der Deutschen Nationalbibliografie; detaillierte bibliografische Daten
sind im Internet über http://dnb.dnb.de abrufbar.

Das Wort **Duden** ist für den Verlag Bibliographisches Institut GmbH
als Marke geschützt.
Kein Teil des Werkes darf ohne schriftliche Einwilligung des Verlages
in irgendeiner Form (Fotokopie, Mikrofilm oder ein anderes Verfahren),
auch nicht für Zwecke der Unterrichtsgestaltung, reproduziert oder
unter Verwendung elektronischer Systeme verarbeitet, vervielfältigt
oder verbreitet werden.

Für die Nutzung des zum Buch gehörigen Downloadangebots gelten
die allgemeinen Geschäftsbedingungen (AGB) der Website
www.duden.de, die jederzeit unter dem entsprechenden Eintrag
abgerufen werden können.

Alle Rechte vorbehalten. Nachdruck, auch auszugsweise, nicht gestattet.
© Duden 2017   D C B
Bibliographisches Institut GmbH
Mecklenburgische Straße 53, 14197 Berlin

Redaktionelle Leitung: Constanze Schöder
Redaktion: Heike Krüger-Beer
Illustration: Kerstin Meyer
Herstellung: Uwe Pahnke
Layout: juhu media, Susanne Dölz, Bad Vilbel
Umschlaggestaltung: Büroecco, Augsburg
Satz: Sigrid Hecker, Mannheim
Druck und Bindung: AZ Druck und Datentechnik GmbH
Heisinger Straße 16, 87437 Kempten

Printed in Germany
ISBN: 978-3-411-71945-7
www.duden.de

Wie dir dein Wörterbuch beim Englischlernen hilft

Englisch hast du schon immer gelernt. T-Shirt, Computer, Skateboard: Das sind englische Wörter, die du schon lange kennst. In der Schule, in der Freizeit und beim Sport hörst und liest du dauernd englische Wörter, die neu für dich sind. Wenn du wissen willst, was sie bedeuten oder wie man sie schreibt, dann brauchst du ein Wörterbuch. Oder möchtest du vielleicht einmal selbst etwas auf Englisch sagen oder schreiben? Dein Wörterbuch hilft dir immer!

Am praktischsten ist es, wenn du es ständig griffbereit hast: in der Schule, bei den Hausaufgaben oder auch im Urlaub.

Nur, wer viel mit dem Wörterbuch arbeitet, wird ein sicherer Nachschlager oder eine sichere Nachschlagerin. Du kannst das mit dem Training beim Sport vergleichen: Je öfter du trainierst, umso geschickter und sicherer wirst du.

Damit das Nachschlagen Spaß macht, musst du wissen, wie es geht. Gleich auf den nächsten Seiten findest du dazu viele Tipps. Bei der richtigen Aussprache der englischen Wörter ist die Lauttabelle auf Seite 5 nützlich.

Außerdem kannst du dir alle englischen Wörter in diesem Buch unter www.duden.de/gswb-englisch anhören. Auch über den QR-Code auf dieser Seite gelangst du dort hin. Einfach auf das gewünschte Wort klicken und die Ohren spitzen!

Nun wünschen wir dir viel Spaß beim Entdecken der englischen Sprache und beim Arbeiten mit dem Wörterbuch.

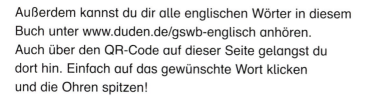

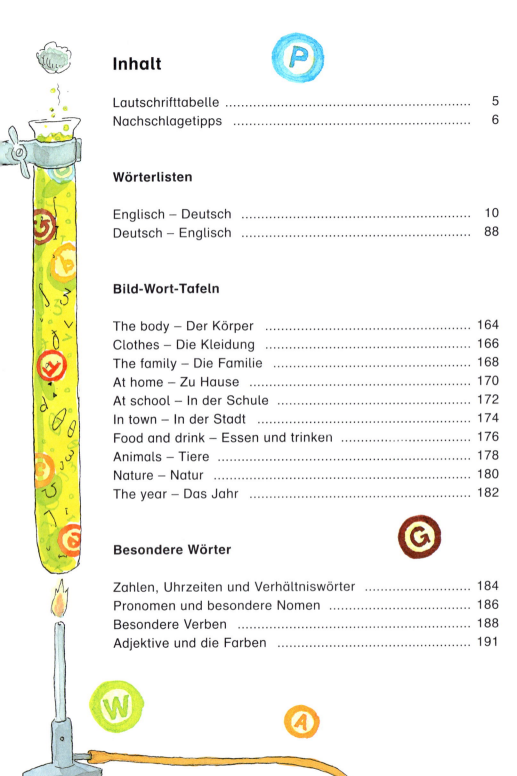

Inhalt

Lautschrifttabelle 5
Nachschlagetipps 6

Wörterlisten

Englisch – Deutsch 10
Deutsch – Englisch 88

Bild-Wort-Tafeln

The body – Der Körper 164
Clothes – Die Kleidung 166
The family – Die Familie 168
At home – Zu Hause 170
At school – In der Schule 172
In town – In der Stadt 174
Food and drink – Essen und trinken 176
Animals – Tiere 178
Nature – Natur 180
The year – Das Jahr 182

Besondere Wörter

Zahlen, Uhrzeiten und Verhältniswörter 184
Pronomen und besondere Nomen 186
Besondere Verben 188
Adjektive und die Farben 191

Lautschrifttabelle

ɑː	wie in w**a**rm	**a**rm
e	wie in Fl**e**ck	**e**gg
iː	wie in W**ie**se	kn**ee**
ɪ	wie in T**i**sch	p**i**g
ɒ	wie in Fr**o**sch	fr**o**g
ʊ	wie in H**u**nd	f**oo**t
uː	wie in Bl**u**me	c**oo**l
ə	wie in M**u**tter	m**o**ther
aɪ	wie in Kl**ei**d	b**i**ke
aʊ	wie in bl**au**	c**ow**
ɔɪ	wie in n**eu**	t**oy**
ɪə	wie in T**ier**	**ear**
eə	wie in M**eer**	h**air**
ŋ	wie in Ballo**n**	lo**ng**
s	wie in **S**kelett	**s**ofa
z	wie in **S**alat	**z**oo
ʃ	wie in **Sch**ule	**sh**irt
tʃ	wie in **tsch**üs	**ch**ild
dʒ	wie in **D**schungel	**j**uice
v	wie in **V**ampir	**v**oice
æ	fast wie in B**ä**r	f**a**t
ɔː	fast wie in H**o**rn	b**a**ll
ʌ	fast wie in St**a**dt	p**u**ppet
ɜː	fast wie in st**ö**rt	b**ir**d

Diese Laute gibt es nur im Englischen.

eɪ	M**o**nday
əʊ	p**o**ny
r	**r**abbit
ʒ	televi**s**ion
θ	**t**ooth
ð	fa**th**er
w	**w**ater

Laute wie im Deutschen

b	**b**anana
d	**d**oll
f	**f**ish
g	**g**arden
h	**h**and
j	**y**ellow
k	**c**ap
l	**l**emon
m	**m**ilk
n	**n**ose
p	**p**ink
t	**t**axi

Nachschlagetipps

Schlage in der richtigen Wörterliste nach.

Wenn du nicht weißt,
was ein englisches Wort bedeutet,
suche auf den Seiten ....   10–85.

Wenn du wissen willst,
wie ein Wort auf Englisch heißt,
dann suche auf den Seiten ....   88–163.

Suche nach dem Anfangsbuchstaben des Wortes, dann nach dem zweiten und dritten Buchstaben.

bicycle findest du in der englischen Liste unter dem Buchstaben **B**.
Fahrrad findest du in der deutschen Liste unter dem Buchstaben **F**.

Manchmal findest du in den Wörterlisten mehr als eine Übersetzung. Entscheide, welche am besten passt. Oft helfen dir dabei kurze Erklärungen und Beispiele.

groß	big, great, large, tall
große Füße	big feet
eine große (großartige) Party	a great party
ein großes Stück Kuchen	a large piece of cake
eine große Frau	a tall woman

Schau hier nach, wenn du ein Wort, das du nur gehört hast, nicht gleich findest. Im Englischen gibt es viele Laute, die mit unterschiedlichen Buchstaben gebildet werden.

Laut	Buchstaben	Beispiele
j	u/y	uniform, year
k	c/k	cake, king
s	c/s	centre, sun
dʒ	j/g	juice, giraffe
ʌ	o/u	onion, uncle
aʊ	ow/ou	cow, out
ɔɪ	oy/oi	toy, boil
eə	ai/ea/a	air, wear, share
ʃ	sh/ch/s	shirt, machine, sugar
eɪ	a/ay/ei/ai	April, Monday, weight, waiter
ɜː	i/o/u/e/ea	bird, word, hurt, were, learn
ɪ	e/i/y	eleven, in, pretty
ɔː	au/o/a	autumn, corner, salt
aɪ	i/y	bike, try

Die Lautschrift hinter oder unter den englischen Wörtern zeigt dir, wie du sie richtig aussprichst. Auf Seite 5 ist eine Lauttabelle, die dir hilft.

Suche Nomen in der Einzahl, Verben in der Grundform und Adjektive in der Grundstufe.

Suche	**apple**	(nicht: **apples**).
Suche	**Baum**	(nicht: **Bäume**).
Suche	**look**	(nicht: **looked**).
Suche	**laufen**	(nicht: **gelaufen**).
Suche	**large**	(nicht: **larger**).
Suche	**reich**	(nicht: **reicher**).

Bei besonders schwierigen und unregelmäßigen Nomen, Verben und Adjektiven findest du mehrere Formen in deinem Wörterbuch.

Du findest	**knife**	und	**knives**.
Du findest	**go, went**	und	**gone**.
Du findest	**good, better**	und	**best**.

Wenn du ein Nomen suchst, findest du beim deutschen Wort auch den Artikel **der**, **die** oder **das**. Im Englischen gibt es nur einen Artikel: **the**. Deshalb steht er nicht jedes Mal dabei.

die Ameise   heißt auf Englisch   **the ant**

Wenn du ein zusammengesetztes englisches Nomen nicht findest, dann zerlege es und suche beide Wörter. Genauso funktioniert es oft bei deutschen Wörtern.

Suche	**toothbrush**	unter	**tooth**	und unter	**brush**.
Suche	**Zahnbürste**	unter	**Zahn**	und unter	**Bürste**.

Es kann vorkommen, dass du ein deutsches Wort nicht findest. Denn in deinem Wörterbuch stehen nicht alle Wörter, die es gibt. Sonst wäre es so dick und schwer, dass du es kaum heben könntest. Überlege dir einfach ein anderes Wort, das auch passt, und schlage darunter nach.

Suche statt **Torte** das Wort **Kuchen**.
Suche statt **heulen** das Wort **weinen**.

Achte auf diese Zeichen:

 bedeutet: Das ist ein Wort, das nur in britischem Englisch so heißt oder geschrieben wird.

 bedeutet: Das ist ein Wort, das in dieser Form besonders im amerikanischen Englisch benutzt wird.

→ bedeutet: Dieser Pfeil führt dich bei schwierigen Verben und anderen schwierigen Wörtern zur Grundform und bei schwierigen Nomen zur Einzahl. Dort findest du auch die Lautschrift.

a ə	ein, eine
a banana	eine Banane
to be **able to** 'eɪbl tə	können
about ə'baʊt	ringsherum, ungefähr, über
above ə'bʌv	über, oberhalb
to **accept** ək'sept	annehmen
accident 'æksɪdənt	der Unfall
ache eɪk	der Schmerz
across ə'krɒs	über
activity æk'tɪvɪtɪ	die Aktivität, die Tätigkeit
to **add** æd	addieren, hinzufügen
address ə'dres	die Adresse
adult 'ædʌlt	der Erwachsene, die Erwachsene
aeroplane 🇬🇧 'eərəpleɪn	das Flugzeug
to be **afraid of** ə'freɪd 'əv	Angst haben vor
Africa 'æfrɪkə	Afrika
after 'ɑːftə	nach, danach, hinterher
afternoon ɑːftə'nuːn	der Nachmittag
again ə'gen	wieder, noch einmal
against ə'genst	gegen
age eɪdʒ	das Alter
ago ə'gəʊ	vor
two days ago	vor zwei Tagen
to **agree** ə'griː	einverstanden sein
air eə	die Luft
airplane 🇺🇸 'erpleɪn	das Flugzeug
airport 'eəpɔːt	der Flughafen
alarm clock ə'lɑːm klɒk	der Wecker
alive ə'laɪv	lebendig

10

apartment

all ɔːl		alle, alles
all right		in Ordnung
to **allow** əˈlaʊ		erlauben
almost ˈɔːlməʊst		fast, beinahe
alone əˈləʊn		allein
a lot of ə lɒt əv		viel, viele
alphabet ˈælfəbet	das	Alphabet
already ɔːlˈredɪ		schon, bereits
also ˈɔːlsəʊ		auch
always ˈɔːlweɪz		immer
am æm		→ to be
I am (I'm)		ich bin
a.m. eɪˈem		vormittags (Uhrzeit)
10 a.m.		10 Uhr (vormittags)
amazing əˈmeɪzɪŋ		erstaunlich
ambulance ˈæmbjʊləns	der	Krankenwagen
America əˈmerɪkə		Amerika
American əˈmerɪkən		amerikanisch
an ən		ein, eine
an orange		eine Orange
and ænd		und
angel ˈeɪndʒl	der	Engel
angry ˈæŋgrɪ		böse, wütend
animal ˈænɪməl	das	Tier
another əˈnʌðə		noch einer/noch eine/ noch eins, ein anderer/eine andere/ ein anderes
answer ˈɑːnsə	die	Antwort
to **answer** ˈɑːnsə		antworten
ant ænt	die	Ameise
any ˈenɪ		(irgend-)ein/(irgend)eine
anybody ˈenɪbədɪ		(irgend-)jemand
anyone ˈenɪwʌn		(irgend-)jemand
anything ˈenɪθɪŋ		(irgend-)etwas
apartment 🇺🇸 əˈpɑːrtmənt	die	Wohnung, das Apartment

a ape

ape eɪp	der	Affe
apple 'æpl	der	Apfel
apricot 'eɪprɪkɒt	die	Aprikose
April 'eɪprəl	der	April
aquarium ə'kweərɪəm	das	Aquarium
are ɑː	→	to be
you are (you're)		du bist/ihr seid
we are (we're)		wir sind
they are (they're)		sie sind
to argue 'ɑːgjuː		sich streiten
arm ɑːm	der	Arm
armchair 'ɑːmtʃeə	der	Sessel
around ə'raʊnd		um ... herum
arrival ə'raɪvl	die	Ankunft
to arrive ə'raɪv		ankommen
arrow 'ærəʊ	der	Pfeil
art ɑːt	die	Kunst
artist 'ɑːtɪst	der	Künstler, die Künstlerin
as æz		wie
as ... as æz ... æz		so ... wie
as tall as		so groß wie
Asia 'eɪʃə		Asien
to ask ɑːsk		fragen
astronaut 'æstrənɔːt	der	Astronaut, die Astronautin
at ət		an, um, in
ate	→	to eat
attention ə'tenʃn	die	Aufmerksamkeit
attic 'ætɪk	der	Dachboden, das Dachgeschoss
August 'ɔːgəst	der	August
aunt ɑːnt	die	Tante
Australia ɒ'streɪlɪə		Australien
Austria 'ɒstrɪə		Österreich
Austrian 'ɒstrɪən		österreichisch
autumn 🇬🇧 'ɔːtəm	der	Herbst
to be awake ə'weɪk		wach sein
away ə'weɪ		weg, fort

baby 'beɪbɪ	das	Baby
babysitting 'beɪbɪsɪtɪŋ	das	Babysitting
back bæk	der	Rücken
backwards 'bækwədz		zurück, rückwärts
bacon 'beɪkn	der	Speck
bad – worse – worst		schlecht – schlechter –
bæd – wɜːs – wɜːst		am schlechtesten
bag bæg	die	Tasche
to **bake** beɪk		backen
baker 'beɪkə	der	Bäcker, die Bäckerin
bakery 'beɪkərɪ	die	Bäckerei
balcony 'bælkənɪ	der	Balkon
ball bɔːl	der	Ball
balloon bə'luːn	der	Luftballon
ballpoint (pen) 'bɔːlpɔɪnt	der	Kuli, der Kugelschreiber
banana bə'naːnə	die	Banane
band bænd	die	Band (Musikgruppe)
bank bæŋk	die	Bank (Geldinstitut)
barbecue 'baːbɪkjuː	der	Grill, die Grillparty
to **bark** baːk		bellen
barn bɒrn	die	Scheune
baseball 'beɪsbɔːl	der	Baseball
basement 🇺🇸 'beɪsmənt	der	Keller
basket 'baːskɪt	der	Korb
basketball 'baːskɪtbɔːl	der	Basketball
bat bæt	die	Fledermaus
bathing suit 'beɪðɪŋ suːt	der	Badeanzug
bathroom 'baːθruːm	das	Badezimmer, das Bad
bathtub 'baːθtʌb	die	Badewanne
to **be – was/were – been**		sein
biː – wɒz/wɜː – biːn		

13

beach

beach biːtʃ	der	Strand
bean biːn	die	Bohne
bear beə	der	Bär
beard bɪəd	der	Bart
beautiful ˈbjuːtɪfl		schön
because bɪˈkɒz		weil
bed bed	das	Bett
bedroom ˈbedruːm	das	Schlafzimmer
bee biː	die	Biene
beef biːf	das	Rindfleisch
been		→ to be
beetle ˈbiːtl	der	Käfer
before bɪˈfɔː		vor, bevor
to **begin – began – begun** bɪˈɡɪn – bɪˈɡæn – bɪˈɡʌn		anfangen, beginnen
behind bɪˈhaɪnd		hinter
Belgium ˈbeldʒəm		Belgien
to **believe** bɪˈliːv		glauben
bell bel	die	Glocke, die Klingel
to **belong to** bɪˈlɔːŋ ˈtu		gehören
below bɪˈləʊ		unter
belt belt	der	Gürtel
bench bentʃ	die	Bank (Sitzgelegenheit)
beside bɪˈsaɪd		neben
best		→ good
better		→ good
between bɪˈtwiːn		zwischen
bicycle ˈbaɪsɪkl	das	Fahrrad
big bɪɡ		groß
bike baɪk	das	Fahrrad

beetles

both

bikini bɪˈkiːnɪ	der	Bikini
bird bɜːd	der	Vogel
birthday ˈbɜːθdeɪ	der	Geburtstag
biscuit 🇬🇧 ˈbɪskɪt	der	Keks
birthday cake ˈbɜːθdeɪ ˈkeɪk	der	Geburtstagskuchen
birthday card ˈbɜːθdeɪ ˈkɑːd	die	Geburtstagskarte
birthday party ˈbɜːθdeɪ ˈpɑːtɪ	die	Geburtstagsparty
birthday present ˈbɜːθdeɪ ˈprɛzənt	das	Geburtstagsgeschenk
bit bɪt	das	Stück, → to bite
a bit		ein bisschen
to **bite – bit – bitten** baɪt – bɪt – ˈbɪtn		beißen
bitter ˈbɪtə		bitter
black blæk		schwarz
blackboard ˈblækbɔːd	die	Tafel
blanket ˈblæŋkɪt	die	Decke (zum Zudecken)
blew		→ to blow
blind blaɪnd		blind
blood blʌd	das	Blut
blouse blaʊz	die	Bluse
to **blow – blew – blown** bləʊ – bluː – bləʊn		blasen, wehen
blue bluː		blau
board bɔːd	das	Brett
boat bəʊt	das	Boot
body ˈbɒdɪ	der	Körper
to **boil** bɔɪl		kochen
bone bəʊn	der	Knochen
book bʊk	das	Buch
bookshelf ˈbʊkʃelf	das	Bücherregal
boot buːt	der	Stiefel
boring ˈbɔːrɪŋ		langweilig
to be **born** bɔːn		geboren sein
boss bɒs	der	Chef, der Boss
both bəʊθ		beide

15

bottle

	bottle 'bɒtl	die	Flasche
	bottom 'bɒtəm	der	Po, der Boden
	bought		→ to buy
	bowl bəʊl	die	Schüssel
	bowling 'bəʊlɪŋ	das	Bowling
	box bɒks	die	Schachtel
	boy bɔɪ	der	Junge
	boyfriend 'bɔɪfrend	der	Freund
	bracelet 'breɪslət	das	Armband
	bread bred	das	Brot
	break breɪk	die	Pause
to	**break – broke – broken**		brechen, kaputtmachen
	breɪk – brəʊk – 'brəʊkn		
	breakfast 'brekfəst	das	Frühstück
	to have breakfast		frühstücken
to	**breathe** briːð		atmen
	bridge brɪdʒ	die	Brücke
	bright braɪt		hell
to	**bring – brought – brought**		bringen
	brɪŋ – brɔːt – brɔːt		
	Britain 'brɪtn		Großbritannien
	British 'brɪtɪʃ		britisch
	broke – broken		→ to break
	broom bruːm	der	Besen
	brother 'brʌðə	der	Bruder
	brought		→ to bring
	brown braʊn		braun
	brush brʌʃ	der	Pinsel, die Bürste
to	**brush** brʌʃ		bürsten
	bubble 'bʌbl	die	Luftblase, die Seifenblase
	bucket 'bʌkɪt	der	Eimer
	budgie 'bʌdʒɪ	der	Wellensittich
to	**build – built – built**		bauen
	bɪld – bɪlt – bɪlt		
	building 'bɪldɪŋ	das	Gebäude
to	**bump** bʌmp		anstoßen, stoßen
	bunny 'bʌnɪ	das	Häschen

	burger 'bɜːgə	der	Hamburger
to	**burn – burnt – burnt**		brennen, verbrennen
	bɜːn – bɜːnt – bɜːnt		
	bus bʌs	der	Bus
	bus stop 'bʌs stɒp	die	Bushaltestelle
	bush bʊʃ	der	Busch
	busy 'bɪzɪ		beschäftigt
	but bʌt		aber, sondern
	butcher 'bʊtʃə	der	Metzger, die Metzgerin
	butter 'bʌtə	die	Butter
	butterfly 'bʌtəflaɪ	der	Schmetterling
	button 'bʌtn	der	Knopf
to	**buy – bought – bought**		kaufen
	baɪ – bɔːt – bɔːt		
to	buy a ticket		eine Fahrkarte kaufen
	by baɪ		von
	bye, bye-bye baɪ, baɪ'baɪ		tschüs

	cab  kæb	das	Taxi
	cage keɪdʒ	der	Käfig
	cake keɪk	der	Kuchen
to	**calculate** 'kælkjʊleɪt		rechnen
	calculator 'kælkjʊleɪtə	der	Taschenrechner
	calendar 'kælɪndə	der	Kalender
to	**call** kɔːl		rufen, nennen, anrufen
	came		→ to come
	camel 'kæml	das	Kamel
	camera 'kæmərə	die	Kamera, der Fotoapparat
to	**camp** kæmp		zelten, campen

can

careful

can kæn	die Dose
can – could kæn – kʊd	können
Canada 'kænədə	Kanada
to **cancel** 'kænsl	absagen
candle kændl	die Kerze
cap kæp	die Kappe, die Mütze, der Deckel
capital 'kæpɪtl	die Hauptstadt
captain 'kæptɪn	der Kapitän
car kɑː	das Auto
car park 'kɑː pɑːk	der Parkplatz
card kɑːd	die Karte
careful 'keəfl	vorsichtig, sorgfältig
carpet 'kɑːpɪt	der Teppich
carrot 'kærət	die Karotte, die Möhre
to **carry** 'kærɪ	tragen
cartoon kɑːˈtuːn	der Cartoon
animated cartoon 'ænəmeɪtəd kɑːˈtuːn	der Zeichentrickfilm
castle 'kɑːsl	die Burg, das Schloss
cat kæt	die Katze
to **catch – caught – caught** kætʃ – kɔːt – kɔːt	fangen
cauliflower 'kɒləflaʊə	der Blumenkohl
cave keɪv	die Höhle
CD (compact disc) siːˈdiː	die CD
CD player siːˈdiː pleɪə	der CD-Spieler

children's room

	CD-ROM siːdiːˈrɒm	die CD-ROM
	ceiling ˈsiːlɪŋ	die (Zimmer-)Decke
to	**celebrate** ˈselɪbreɪt	feiern
	cellar 🇬🇧 ˈselə	der Keller
	cellular phone, cellphone seljʊlə ˈfəʊn, ˈselfəʊn	das Handy
	cent sent	der Cent
	centimetre 🇬🇧, **centimeter** 🇺🇸 ˈsentɪmiːtə, ˈsentɪmiːtər	der Zentimeter
	centre 🇬🇧, **center** 🇺🇸 ˈsentə, ˈsentər	die Mitte, das Zentrum
	cereal ˈsɪərɪəl	das Getreide
	chair tʃeə	der Stuhl
	chalk tʃɔːk	die Kreide
	champion ˈtʃæmpɪən	der Meister (Sport)
	chance tʃɑːns	die Chance, die Gelegenheit
	change ˈtʃeɪndʒ	das Kleingeld, die Änderung
to	**change** ˈtʃeɪndʒ	wechseln, verändern
	channel ˈtʃænl	der Kanal
	charts tʃɑːts	die Hitliste, die Charts
	chat tʃæt	das Schwätzchen, der Chat
to	**chat** tʃæt	plaudern, chatten
	chat show 🇬🇧 ˈtʃæt ʃəʊ	die Talkshow
	cheap tʃiːp	billig
to	**check** tʃek	kontrollieren, überprüfen
	cheek tʃiːk	die Backe, die Wange
to	**cheer** tʃɪə	zujubeln
	cheese tʃiːz	der Käse
	cherry ˈtʃerɪ	die Kirsche
	chest tʃest	die Brust
	chewing gum ˈtʃuːɪŋɡʌm	der (oder das) Kaugummi
	chicken ˈtʃɪkɪn	das Hähnchen, das Huhn
	child – children tʃaɪld – ˈtʃɪldrən	das Kind – die Kinder
	children's room ˈtʃɪldrənz ruːm	das Kinderzimmer

chilly

chilly ˈtʃɪlɪ		kühl
chimney ˈtʃɪmnɪ	der	Schornstein
chin tʃɪn	das	Kinn
chips 🇬🇧 tʃɪps	die	Pommes frites
chips 🇺🇸 tʃɪps	die	Chips
chocolate ˈtʃɒklət	die	Schokolade
choice tʃɔɪs	die	Wahl
to **choose – chose – chosen**		wählen, auswählen
tʃuːz – tʃəʊz – tʃəʊzn		
Christmas ˈkrɪsməs	das	Weihnachten
Christmas tree ˈkrɪsməs ˈtriː	der	Weihnachtsbaum
church tʃɜːtʃ	die	Kirche
cinema 🇬🇧 ˈsɪnɪmə	das	Kino
circle ˈsɜːkl	der	Kreis
circus ˈsɜːkəs	der	Zirkus
city ˈsɪtɪ	die	(Groß-)Stadt
city hall 🇺🇸 sɪtɪ ˈhɔːl	das	Rathaus
to **clap** klæp		klatschen
class klaːs	die	Klasse
classroom ˈklaːsruːm	das	Klassenzimmer
clean kliːn		sauber
to **clean** kliːn		putzen
clear klɪə		klar, rein
clever ˈklevə		klug, schlau
to **climb** klaɪm		klettern
clock klɒk	die	Uhr
close kləʊs		nahe, dicht
to **close** kləʊz		schließen, zumachen
closed kləʊzd		geschlossen
closet 🇺🇸 ˈklɒzɪt	der	Kleiderschrank
clothes kləʊðz	die	Kleidung
cloud klaʊd	die	Wolke
cloudy ˈklaʊdɪ		bewölkt
clown klaʊn	der	Clown
club klʌb	der	Klub
coach kəʊtʃ	die	Kutsche, der Wagen, der Trainer

computer

	coast kəʊst	die Küste
	coat kəʊt	der Mantel
	cock kɒk	der Hahn
	cockpit ˈkɒkpɪt	das Cockpit
	code kəʊd	der Kode
	coffee ˈkɒfɪ	der Kaffee
	coin kɔɪn	die Münze
	cold kəʊld	kalt, die Erkältung
to be	cold tə ˈbiː kəʊld	frieren
to	collect kəˈlekt	sammeln
	colour 🇬🇧, color 🇺🇸 ˈkʌlə, ˈkʌlər	die Farbe
to	colour 🇬🇧, to color 🇺🇸 ˈkʌlə, ˈkʌlər	anmalen, einfärben
	colourful 🇬🇧, colorful 🇺🇸 ˈkʌləfl, ˈkʌlərfl	bunt
	comb kəʊm	der Kamm
to	comb kəʊm	kämmen
to	come – came – come kʌm – keɪm – kʌm	kommen
	comfortable ˈkʌmfətəbl	bequem
	comic ˈkɒmɪk	der Comic, das Comicheft
to	compare kəmˈpeə	vergleichen
	computer kəmˈpjuːtə	der Computer

to compare

computer game

computer game kəm'pjuːtə geɪm	das	Computerspiel
concert 'kɒnsət	das	Konzert
to congratulate kən'grætjʊleɪt		gratulieren
container kən'teɪnə	der	Behälter, der Container
to continue kən'tɪnjuː		fortsetzen, weitermachen
cook kʊk	der	Koch, die Köchin
to cook kʊk		kochen
cookie 'kʊkɪ	der	Keks
cool kuːl		kühl, cool
copy 'kɒpɪ	die	Kopie
to copy 'kɒpɪ		kopieren, abschreiben
corn kɔːn	der	Mais
corner 'kɔːnə	die	Ecke
cornflakes 'kɔːnfleɪks	die	Cornflakes
to correct kə'rekt		verbessern, korrigieren
to cost – cost – cost kɒst – kɒst – kɒst		kosten
costume 'kɒstjuːm	das	Kostüm
to cough kɒf		husten
could		→ can
to count kaʊnt		zählen
countdown 'kaʊntdaʊn	der	(oder das) Countdown
country 'kʌntrɪ	das	Land
couple kʌpl	das	Paar
of course əv kɔːs		natürlich
court kɔːt	der	Hof, das Spielfeld (Tennis, Squash)
cousin 'kʌzn	der	Cousin, die Cousine
cover 'kʌvə	die	Decke (zum Zudecken), der Deckel
to cover 'kʌvə		bedecken
cow kaʊ	die	Kuh
cowboy 'kaʊbɔɪ	der	Cowboy
to crash kræʃ		zusammenstoßen
to crawl krɔːl		kriechen, krabbeln
crazy 'kreɪzɪ		verrückt

darling

	cream kriːm	die	Sahne
	cricket 'krɪkɪt	das	Kricket
	crisps 🇬🇧 krɪsps	die	Kartoffelchips
	crocodile 'krɒkədaɪl	das	Krokodil
	cross krɒs	das	Kreuz
to	cross krɒs		überqueren
	crossing 'krɒsɪŋ	die	Kreuzung
	crowd kraʊd	die	Menschenmenge
	crown kraʊn	die	Krone
to	cry kraɪ		weinen
	cucumber 'kjuːkʌmbə	die	Gurke
	cup kʌp	die	Tasse, der Pokal
	cupboard 'kʌbəd	der	Schrank
	cursor 'kɜːsə	der	Cursor
	curtain 'kɜːtən	der	Vorhang
	curve kɜːv	die	Kurve
	cushion 'kʊʃn	das	Kissen
to	cut – cut – cut kʌt – kʌt – kʌt		schneiden
to	cycle 'saɪkl		Fahrrad fahren
	cyclist 'saɪklɪst	der	Fahrradfahrer,
		die	Fahrradfahrerin

	dad, daddy dæd, 'dædɪ	der	Papa, der Papi
	daily 'deɪlɪ		täglich
to	dance dɑːns		tanzen
	danger 'deɪndʒə	die	Gefahr
	dangerous 'deɪndʒərəs		gefährlich
	dark dɑːk		dunkel
	darling 'dɑːlɪŋ	der	Liebling

date

date deɪt	das	Datum, die Verabredung
daughter 'dɔːtə	die	Tochter
day deɪ	der	Tag
dead ded		tot
deaf def		gehörlos
dear dɪə		liebe ..., lieber ... (im Brief)
death deθ	der	Tod
December dɪ'sembə	der	Dezember
to **decide** dɪ'saɪd		entscheiden
to **decorate** 'dekəreɪt		schmücken
deep diːp		tief
delicious dɪ'lɪʃəs		lecker
dentist 'dentɪst	der	Zahnarzt, die Zahnärztin
department store dɪ'paːtmənt stɔː	das	Kaufhaus
departure dɪ'paːtʃə	die	Abfahrt, die Abreise
desert 'dezət	die	Wüste
desk desk	der	Schreibtisch, das Pult
dessert dɪ'zɜːt	der	Nachtisch
destination destɪ'neɪʃn	das	Ziel
detective dɪ'tektɪv	der	Detektiv, die Detektivin
devil 'devl	der	Teufel
diaper 🇺🇸 'daɪpə(r)	die	Windel
diary 'daɪərɪ	das	Tagebuch
dice – dice daɪs – daɪs	der	Würfel – die Würfel
dictionary 'dɪkʃənərɪ	das	Wörterbuch
did		→ to do
to **die** daɪ		sterben
difference 'dɪfərəns	der	Unterschied
different 'dɪfərənt		verschieden
difficult 'dɪfɪkəlt		schwierig, schwer
to **dig** dɪg		graben
dining room 'daɪnɪŋ ruːm	das	Esszimmer
dinner 'dɪnə	das	Mittagessen, das Abendessen
to have dinner		zu Abend essen
dinosaur 'daɪnəsɔː	der	Dinosaurier

doughnut

	direction dɪˈrekʃn	die	Richtung
	dirty ˈdɜːtɪ		schmutzig
	disco ˈdɪskəʊ	die	Disco
to	**discover** dɪˈskʌvə		entdecken
to	**discuss** dɪˈskʌs		diskutieren, besprechen
	dish dɪʃ	die	Schüssel
	dishes ˈdɪʃɪz	das	Geschirr
	dishwasher ˈdɪʃwɒʃə	die	Geschirrspülmaschine
	distance ˈdɪstəns	die	Entfernung
to	**dive** daɪv		tauchen
to	**divide** dɪˈvaɪd		dividieren, teilen
	divorced dɪˈvɔːst		geschieden
to	**do – did – done**		tun, machen
	duː – dɪd – dʌn		
	doctor, doc ˈdɒktə, dɒk	der	Arzt, die Ärztin
	dog dɒg	der	Hund
	doll dɒl	die	Puppe
	dollar ˈdɒlə	der	Dollar
	dolphin ˈdɒlfɪn	der	Delfin
	done		→ to do
	donkey ˈdɒŋkɪ	der	Esel
	door dɔː	die	Tür
	double ˈdʌbl		doppelt
	doorbell ˈdɔːrbel	die	Türklingel
	doughnut ˈdəʊnʌt	der	Donut

dinosaur

down

down daʊn		nach unten, herunter, hinunter
to **download** daʊnˈləʊd		herunterladen
downstairs daʊnˈsteəz		unten, nach unten
dragon ˈdrægn	der	Drache
drank		→ to drink
to **draw – drew – drawn** drɔː – druː – drɔːn		zeichnen
drawer drɔː	die	Schublade
drawing ˈdrɔːɪŋ	die	Zeichnung
drawn		→ to draw
dream driːm	der	Traum
to **dream – dreamt – dreamt** driːm – dremt – dremt		träumen
dress dres	das	Kleid
to **dress up** dres ˈʌp		sich stylen, sich verkleiden
drew		→ to draw
drink drɪŋk	das	Getränk
to **drink – drank – drunk** drɪŋk – dræŋk – drʌŋk		trinken
drinking chocolate ˈdrɪŋkɪŋ tʃɒklət	der die	Kakao, Trinkschokolade
to **drive – drove – driven** draɪv – drəʊv – ˈdrɪvn		fahren
driver ˈdraɪvə	der	Fahrer, die Fahrerin
drop drɒp	der	Tropfen
to **drop** drɒp		fallen lassen
drove		→ to drive
drum drʌm	die	Trommel
drunk		→ to drink
dry draɪ		trocken
duck dʌk	die	Ente
during ˈdjʊərɪŋ		während
dustbin 🇬🇧 ˈdʌstbɪn	die	Mülltonne
DVD (digital videodisk) diːviːˈdiː	die	DVD
dwarf dwɔːf	der	Zwerg

	each iːtʃ		jeder/jede/jedes
	ear ɪə	das	Ohr
	early ˈɜːlɪ		früh
to	earn ɜːn		verdienen
	earth ɜːθ	die	Erde
	east iːst	der	Osten
	Easter ˈiːstə	das	Ostern
	Easter bunny ˈiːstə ˈbʌnɪ	der	Osterhase
	Easter egg ˈiːstə ˈeg	das	Osterei
	easy ˈiːzɪ		leicht
to	eat – ate – eaten		essen, fressen
	iːt – eɪt – ˈiːtn		
	edge edʒ	die	Kante, der Rand
	egg eg	das	Ei
	eight eɪt		acht
	eighteen eɪˈtiːn		achtzehn
	eighth eɪtθ		achte, der/die/das Achte
	eighty ˈeɪtɪ		achtzig
	elbow ˈelbəʊ	der	Ellenbogen
	electric ɪˈlektrɪk		elektrisch
	elephant ˈeləfənt	der	Elefant
	elevator 🇺🇸 ˈeləveɪtər	der	Aufzug
	eleven ɪˈlevn		elf
	else els		sonst (noch)
	What else? wʌt ˈels		Was noch?
	e-mail ˈiːmeɪl	die	(oder das) E-Mail
	emergency ɪˈmɜːdʒənsɪ	der	Notfall
	empty ˈemptɪ		leer
	end end	das	Ende
to	end end		enden
	enemy ˈenəmɪ	der	Feind, die Feindin

engine

	engine 'endʒɪn	der	Motor
	England 'ɪŋglənd		England
	English 'ɪŋglɪʃ		englisch
to	**enjoy** ɪn'dʒɔɪ		genießen
	enough ɪ'nʌf		genug
to	**enter** 'entə		hineingehen, hineinfahren
	entrance 'entrəns	der	Eingang
	envelope 'envələʊp	der	Briefumschlag
	equal 'iːkwl		gleich
	eraser 🇺🇸 ɪ'reɪsər	der	Radiergummi
	especially ɪ'speʃəlɪ		besonders
	euro 'jʊərəʊ	der	Euro
	Europe 'jʊərəp		Europa
	European jʊərə'piːən		europäisch
	evening 'iːvnɪŋ	der	Abend
	ever 'evə		jemals
	every 'evrɪ		jeder/jede/jedes
	everybody 'evrɪbədɪ		jeder, alle
	everyone 'evrɪwʌn		jeder, alle
	everything 'evrɪθɪŋ		alles
	everywhere 'evrɪweə		überall
	exact ɪg'zækt		genau
	exam, examination ɪg'zæm, ɪgzæmɪ'neɪʃn	die	Prüfung, die Untersuchung
to	**examine** ɪg'zæmɪn		überprüfen, untersuchen
	example ɪg'zɑːmpl	das	Beispiel
	excellent 'eksələnt		ausgezeichnet, hervorragend
	exciting ɪk'saɪtɪŋ		aufregend, spannend
	except ɪk'sept		außer
to	**excuse** ɪk'skjuːz		entschuldigen
	Excuse me!		Entschuldigung! Verzeihung!
	exercise 'eksəsaɪz	die	Übung, das Training
	exercise book 'eksəsaɪz bʊk	das	(Schul-)Heft
	exit 'eksɪt	der	Ausgang
to	**expect** ɪk'spekt		erwarten

farther

	expensive ɪkˈspensɪv		teuer
	experiment ɪkˈsperɪmənt	das	Experiment, der Versuch
	expert ˈekspɜːt	der	Fachmann, die Fachfrau
to	**explain** ɪkˈspleɪn		erklären
	extreme ɪkˈstriːm		extrem, äußerst
	eye aɪ	das	Auge

	face feɪs	das	Gesicht
	fact fækt	die	Tatsache
	factory ˈfæktərɪ	die	Fabrik
	factory worker ˈfæktərɪ wɜːkə	der	Fabrikarbeiter, die Fabrikarbeiterin
	fair feə		gerecht, fair
	fairy ˈfeərɪ	die	Fee
	fairy tale ˈfeərɪ teɪl	das	Märchen
	fall 🇺🇸 fɔːl	der	Herbst
to	**fall – fell – fallen** fɔːl – fel – ˈfɔːln		fallen
	false fɔːls		falsch
	family ˈfæməlɪ	die	Familie
	famous ˈfeɪməs		berühmt
	fantasy ˈfæntəzɪ	die	Fantasie
	far – farther – farthest fɑː – ˈfɑːðə – ˈfɑːðəst		weit – weiter – am weitesten
	farm fɑːm	der	Bauernhof, die Farm
	farmer ˈfɑːmə	der	Bauer, die Bäuerin, der Farmer, die Farmerin
	farther – farthest		→ far

29

fashion

fashion 'fæʃn	die	Mode
fast fɑːst		schnell
to **fasten one's seat belt**		sich anschnallen,
'fɑːsn wʌnz 'siːt belt		den Sicherheitsgurt anlegen
fast food fɑːst 'fuːd	das	Fastfood
fat fæt		dick, fett
father 'fɑːðə	der	Vater
Father Christmas 🇬🇧	der	Weihnachtsmann
fɑːðə 'krɪsməs		
favourite 🇬🇧,		Lieblings-
favorite 🇺🇸		
'feɪvərɪt, 'feɪvərɪt		
my favourite colour		meine Lieblingsfarbe
fear fɪər	die	Angst
feather 'feðə	die	Feder
February 'februəri	der	Februar
to **feed – fed – fed**		füttern
fiːd – fed – fed		
to **feel – felt – felt**		fühlen
fiːl – felt – felt		
feeling 'fiːlɪŋ	das	Gefühl
feet		→ foot
fell		→ to fall
felt		→ to feel
felt-tip pen 'feltɪp pen	der	Filzstift
fence fens	der	Zaun
to **fetch** fetʃ		holen
fever 'fiːvə	das	Fieber
few fjuː		wenige
a few		ein paar
field fiːld	das	Feld
fifteen fɪf'tiːn		fünfzehn
fifth fɪfθ		fünfte, der/die/das Fünfte
fifty 'fɪftɪ		fünfzig
to **fight – fought – fought**		kämpfen, streiten
faɪt – fɔːt – fɔːt		
to **fill** fɪl		füllen

flew

first aid

film 🇬🇧 fɪlm	der	Film
to **find – found – found** faɪnd – faʊnd – faʊnd		finden
fine faɪn		gut, fein
finger ˈfɪŋgə	der	Finger
to **finish** ˈfɪnɪʃ		beenden, aufhören
fire ˈfaɪə	das	Feuer
fire engine ˈfaɪər endʒɪn	das	Feuerwehrauto
firefighter ˈfaɪəfaɪtə	der	Feuerwehrmann,
	die	Feuerwehrfrau
fireman – firemen ˈfaɪəmən – ˈfaɪəmən	der	Feuerwehrmann – die Feuerwehrmänner
fireworks ˈfaɪəwɜːks	das	Feuerwerk
first fɜːst		erste, der/die/das Erste
first aid fɜːst ˈeɪd	die	Erste Hilfe
fish – fish fɪʃ – fɪʃ	der	Fisch – die Fische
to **fish** fɪʃ		fischen, angeln
to **fit** fɪt		passen
five faɪv		fünf
to **fix** fɪks		befestigen
flag flæg	die	Fahne, die Flagge
flame fleɪm	die	Flamme
flat 🇬🇧 flæt	die	Wohnung
flew		→ to fly

flight

flight flaɪt	der	Flug
floor flɔː	der	Fußboden, das Stockwerk
flower flaʊə	die	Blume
flown	→	to fly
flute fluːt	die	Flöte
fly flaɪ	die	Fliege
to **fly – flew – flown**		fliegen
flaɪ – fluː – fləʊn		
fog fɒg	der	Nebel
foggy ˈfɒgɪ		neblig
to **fold** fəʊld		falten
folder ˈfəʊldə	der	Ordner, die Mappe
to **follow** ˈfɒləʊ		folgen
food fuːd	das	Essen, das Lebensmittel, das Futter
foot – feet fʊt – fiːt	der	Fuß – die Füße
football 🇬🇧 ˈfʊtbɔːl	der	Fußball
football player	der	Fußballspieler,
ˈfʊtbɔːl ˈpleɪə	die	Fußballspielerin
for fə		für
foreign ˈfɒrɪn		fremd, ausländisch
forest ˈfɒrɪst	der	Wald
to **forget – forgot – forgotten**		vergessen
fəˈget – fəˈgɒt – fəˈgɒtn		
fork fɔːk	die	Gabel
forty ˈfɔːtɪ		vierzig
forward, forwards		vorwärts
ˈfɔːwəd, ˈfɔːwədz		
fought	→	to fight
foul faʊl	das	Foul

furniture

found		→ to find
fountain 'faʊntən	der	Brunnen
four fɔː		vier
fourteen fɔː'tiːn		vierzehn
fourth fɔːθ		vierte, der/die/das Vierte
fox fɒks	der	Fuchs
free friː		frei
to **freeze – froze – frozen**		frieren, gefrieren
friːz – frəʊz – 'frəʊzn		
French fries	die	Pommes frites
'frentʃ fraɪz		
fresh freʃ		frisch
Friday 'fraɪdeɪ	der	Freitag
fridge frɪdʒ	der	Kühlschrank
friend frend	der	Freund, die Freundin
friendly 'frendlɪ		freundlich
to **frighten** 'fraɪtn		erschrecken, Angst machen (ein Gedanke)
frog frɒg	der	Frosch
from frɒm		von, aus
front frʌnt	die	Vorderseite
in front of		vor
froze – frozen		→ to freeze
fruit fruːt	das	Obst, die Früchte
to **fry** fraɪ		braten
full fʊl		voll
fun fʌn	der	Spaß
funny 'fʌnɪ		lustig, komisch
fur fɜː	das	Fell
furniture 'fɜːnɪtʃə	die	Möbel

furniture

game geɪm	das	Spiel
garage 'gæraːʒ	die	Garage, die Autowerkstatt
garbage 🇺🇸 'gaːrbɪdʒ	der	Müll
garbage can 🇺🇸 'gaːrbɪdʒ kæn	die	Mülltonne
garden gaːdn	der	Garten
gardener 'gaːdnə	der	Gärtner, die Gärtnerin
gas 🇺🇸 gæs	das	Benzin
gas station 🇺🇸 'gæs steɪʃn	die	Tankstelle
gate geɪt	die	Pforte, das Tor
gave		→ to give
geese		→ goose
geography dʒɪ'ɒgrəfɪ	die	Geografie
German 'dʒɜːmən		deutsch
Germany 'dʒɜːmənɪ		Deutschland
to **get – got – got** get – gɒt – gɒt		bekommen
to **get dressed** get 'drest		sich anziehen
to **get off** get 'ɒf		aussteigen
to **get on** get 'ɒn		einsteigen
to **get undressed** get ʌn'drest		sich ausziehen
to **get up** get 'ʌp		aufstehen
ghost gəʊst	der	Riese
giraffe dʒɪ'raːf	die	Giraffe
girl gɜːl	das	Mädchen
girlfriend 'gɜːlfrend	die	Freundin
to **give – gave – given** gɪv – geɪv – 'gɪvn		geben
to **give back** gɪv bæk		zurückgeben

	glass glɑːs	das Glas
	glasses ˈglɑːsɪz	die Brille, die Gläser
	glove glʌv	der Handschuh
	glue gluː	der Klebstoff
to	**go – went – gone**	gehen
	gəʊ – went – gɔːn	
to	**go for a walk**	spazieren gehen
	gəʊ fər ə wɔːk	
to	**go hiking** gəʊ ˈhaɪkɪŋ	wandern gehen
to	**go on** gəʊ ˈɒn	weitermachen
to	**go shopping** gəʊ ˈʃɒpɪŋ	einkaufen gehen
to	**go to bed** gəʊ tə bed	schlafen gehen
	goal gəʊl	das Ziel, das Tor (Fußball)
	goat gəʊt	die Ziege
	gold gəʊld	das Gold
	goldfish ˈgəʊldfɪʃ	der Goldfisch
	gone	→ to go
	good – better – best	gut – besser – am besten
	gʊd – ˈbetə – best	
	goodbye 🇬🇧,	auf Wiedersehen
	goodby 🇺🇸	
	gʊdˈbaɪ, gʊdˈbaɪ	
	goose – geese	die Gans – die Gänse
	guːs – giːs	
	got	→ to get
	gram græm	das Gramm
	grandchild – grandchildren	das Enkelkind –
	ˈgræntʃaɪld – ˈgræntʃɪldrən	die Enkelkinder
	granddaughter ˈgrændɔːtə	die Enkelin
	grandfather, grandpa	der Großvater, der Opa
	ˈgrænfɑːðə, ˈgrænpɑː	
	grandmother, grandma	die Großmutter, die Oma
	ˈgrænmʌðə, ˈgrænmɑː	
	grandparents	die Großeltern
	ˈgrænpeərənts	
	grandson ˈgrænsʌn	der Enkel
	grape greɪp	die Weintraube

grass

grass grɑːs	das	Gras
grasshopper ˈgrɑːshɒpə	der	Grashüpfer,
	die	Heuschrecke
gray 🇺🇸 greɪ		grau
great greɪt		groß, toll
Great Britain greɪt ˈbrɪtn		Großbritannien
green griːn		grün
grew	→	to grow
grey 🇬🇧 greɪ		grau
ground graʊnd	der	(Erd-)Boden
ground floor graʊnd ˈflɔː	das	Erdgeschoss
group gruːp	die	Gruppe
to **grow – grew – grown**		wachsen
grəʊ – gruː – grəʊn		
grown-up ˈgrəʊnʌp	der	Erwachsene,
	die	Erwachsene
to **guess** ges		raten, schätzen, vermuten
guest gest	der	Gast
guest room ˈgest ruːm	das	Gästezimmer
to **guide** gaɪd		führen
guinea pig ˈgɪnɪ pɪg	das	Meerschweinchen
guitar gɪˈtɑː	die	Gitarre
gym dʒɪm	die	Turnhalle, das Turnen
gymnasium dʒɪmˈneɪzɪəm	die	Turnhalle
gymnastics dʒɪmˈnæstɪks	die	Gymnastik, das Turnen

had	→ to have
had to	→ must

head scarf

hair heə	das	Haar, die Haare
hairbrush ˈheəˈbrʌʃ	die	Haarbürste
hairdresser ˈheədresə	der	Friseur, die Friseurin
half hɑːf		halb
half past two		halb drei
half – halves hɑːf – hɑːvz	die	Hälfte – die Hälften
hall hɔːl	der	Flur
Halloween hæləʊˈiːn	das	Halloween
halves		→ half
ham hæm	der	Schinken
hammer ˈhæmə	der	Hammer
hamster ˈhæmstə	der	Hamster
hand hænd	die	Hand
handbag ˈhændbæg	die	Handtasche
handkerchief ˈhæŋkətʃɪf	das	Taschentuch
handy ˈhændɪ		praktisch, nützlich
to **hang – hung – hung** hæŋ – hʌŋ – hʌŋ		hängen
to **hang up** hæŋ ˈʌp		aufhängen
to **happen** ˈhæpn		geschehen, passieren
happy ˈhæpɪ		glücklich
harbour 🇬🇧, **harbor** 🇺🇸 ˈhɑːbə, ˈhɑːrbər	der	Hafen
hard hɑːd		hart, fest, schwierig
hard disk hɑːd ˈdɪsk	die	Festplatte
hard-working ˈhɑːd wɜːkɪŋ		fleißig
harmless ˈhɑːmlɪs		harmlos
has hæz		→ to have
he/she/it has		er/sie/es hat
hat hæt	der	Hut
to **hate** heɪt		hassen
to **have – had – had** hæv – hæd – hæd		haben
he hiː		er
head hed	der	Kopf
headache ˈhedeɪk	die	Kopfschmerzen
head scarf ˈhed skɑːf	das	Kopftuch

healthy

	healthy ˈhelθɪ		gesund
to	**hear – heard – heard**		hören
	hɪə – hɜːd – hɜːd		
	heart hɑːt	das	Herz
	heat hiːt	die	Hitze
	heaven ˈhevn	der	Himmel
	heavy ˈhevɪ		schwer
	hedgehog ˈhedʒhɒg	der	Igel
	heel hiːl	die	Ferse
	held		→ to hold
	helicopter ˈhelɪkɒptə	der	Hubschrauber
	hello 🇬🇧 həˈləʊ		hallo
to	**help** help		helfen
	hen hen	das	Huhn, die Henne
	her hɜː		ihr/ihre
	herbs hɜːbz	die	Kräuter
	here hɪə		hier
to	**hide – hid – hidden**		verstecken
	haɪd – hɪd – ˈhɪdn		
	high haɪ		hoch
	highway 🇺🇸 ˈhaɪweɪ	die	Autobahn
	hill hɪl	der	Hügel
	him hɪm		ihn, ihm
	hippopotamus, hippo	das	Nilpferd
	hɪpəˈpɒtəməs, ˈhɪpəʊ		
	his hɪz		sein/seine
	history ˈhɪstərɪ	die	Geschichte
to	**hit – hit – hit** hɪt – hɪt – hɪt		schlagen
	hobby ˈhɒbɪ	das	Hobby
	hockey ˈhɒkɪ	das	Hockey
to	**hold – held – held**		halten
	həʊld – held – held		
	hole həʊl	das	Loch
	holiday ˈhɒlɪdeɪ	der	Feiertag
	holidays 🇬🇧 ˈhɒlɪdeɪz	die	Ferien, der Urlaub
	home həʊm	das	Zuhause
	at home		zu Hause

husband

	homepage ˈhəʊmpeɪdʒ	die Homepage
	homework ˈhəʊmwɜːk	die Hausaufgaben
	honey ˈhʌnɪ	der Honig
to	hop hɒp	hüpfen
to	hope həʊp	hoffen
	horrible ˈhɔːrɪbl	schrecklich, abscheulich
	horse hɔːs	das Pferd
	hospital ˈhɒspɪtl	das Krankenhaus
	hot hɒt	heiß, scharf (Gewürze)
	hot dog ˈhɒt dɒg	der (oder das) Hotdog
	hotel həʊˈtel	das Hotel
	hour ˈaʊə	die Stunde
	house haʊs	das Haus
	how haʊ	wie
	How are you?	Wie geht es dir/Ihnen?
	How many …?	Wie viele …?
	How much …?	Wie viel …?
	hundred ˈhʌndrəd	hundert
	hung	→ to hang
	hungry ˈhʌŋgrɪ	hungrig
to	hurry ˈhʌrɪ	sich beeilen
to	hurt – hurt – hurt hɜːt – hɜːt – hɜːt	wehtun, verletzen
	husband ˈhʌzbənd	der Ehemann

hole

	I aɪ		ich
	I am, I'm		ich bin
	ice aɪs	das	Eis
	ice cream aɪs ˈkriːm	das	Eis, die Eiscreme
	ice hockey ˈaɪs hɒkɪ	das	Eishockey
	ice skate ˈaɪs skeɪt	der	Schlittschuh
	icy ˈaɪsɪ		eisig, vereist
	idea aɪˈdɪə	die	Idee
	if ɪf		wenn
	ill ɪl		krank
to	**imagine** ɪˈmædʒɪn		sich vorstellen (in Gedanken)
	important ɪmˈpɔːtənt		wichtig
	impossible ɪmˈpɒsɪbl		unmöglich
	in ɪn		in, hinein, an
	Indian ˈɪndɪən	der	Inder, die Inderin, indisch
	information ɪnfəˈmeɪʃn	die	Information
	in front of ɪn frʌnt əv		vor
to	**injure** ˈɪndʒə(r)		verletzen
	ink ɪŋk	die	Tinte
	in-line skates, in-liners ˈɪnlaɪn skeɪts, ɪnˈlaɪnəz	die	Inlineskates, die Inliner
	insect ˈɪnsekt	das	Insekt
	inside ɪnˈsaɪd		drinnen, innen
	instrument ˈɪnstrʊmənt	das	Instrument
	interest ˈɪntrəst	das	Interesse
	interested ˈɪntrəstɪd		interessiert
	interesting ˈɪntrəstɪŋ		interessant
	international ɪntəˈnæʃənl		international
	Internet ˈɪntənet	das	Internet
	interview ˈɪntəvjuː	das	Interview
	into ˈɪntə		in

just

	invitation ɪnvɪ'teɪʃn	die	Einladung
to	**invite** ɪn'vaɪt		einladen
	Ireland 'aɪələnd		Irland
	Irish 'aɪərɪʃ		irisch
	is ɪz		→ to be
	he/she/it is (he's/she's/it's)		er/sie/es ist
	island 'aɪlənd	die	Insel
	it ɪt		er/sie/es
	itchy 'ɪtʃɪ		kratzig
	its ɪts		sein/seine, ihr/ihre

	jacket 'dʒækɪt	die	Jacke
	jam dʒæm	die	Marmelade
	January 'dʒænjʊərɪ	der	Januar
	jeans dʒiːnz	die	Jeans
	jelly 'dʒelɪ	das	(oder der) Gelee, die Götterspeise
	jewellery 🇬🇧, **jewelry** 🇺🇸 'dʒuːəlrɪ, 'dʒuːəlrɪ	der	Schmuck
	jigsaw puzzle 'dʒɪgsɔː pʌzl	das	Puzzle
	job dʒɒb	die	Arbeit, der Job
	joke dʒəʊk	der	Witz, der Scherz
	journey 'dʒɜːnɪ	die	Reise
	joystick 'dʒɔɪstɪk	der	Joystick
	judo 'dʒuːdəʊ	das	Judo
	juice dʒuːs	der	Saft
	July dʒʊ'laɪ	der	Juli
to	**jump** dʒʌmp		springen
	jumper 🇺🇸 'dʒʌmpə	der	Pullover
	June dʒuːn	der	Juni
	jungle 'dʒʌŋgl	der	Dschungel, der Urwald
	just dʒʌst		gerade (in diesem Moment)

41

	kangaroo kæŋgə'ruː	das Känguru
	karate kə'rɑːtɪ	das Karate
to	**keep – kept – kept**	behalten, aufbewahren
	kiːp – kept – kept	
	ketchup 'ketʃʌp	der (oder das) Ketchup
	key kiː	der Schlüssel
	keyboard 'kiːbɔːd	das Keyboard, die Tastatur
to	**kick** kɪk	treten, kicken
	kid kɪd	das Kind
to	**kill** kɪl	töten
	kilogram, kilo	das Kilogramm, das Kilo
	'kɪləgræm, 'kiːləʊ	
	kilometre 🇬🇧, **kilometer** 🇺🇸	der Kilometer
	kɪ'lɒmɪtə, kɪ'lɑːmɪtər	
	kind kaɪnd	freundlich
	kindergarten 'kɪndəgɑːtn	der Kindergarten
	king kɪŋ	der König
	kiss kɪs	der Kuss
to	**kiss** kɪs	küssen
	kitchen 'kɪtʃɪn	die Küche
	kite kaɪt	der Drachen
	knee niː	das Knie
	knew	→ to know
	knife – knives naɪf – naɪvz	das Messer – die Messer
	knight naɪt	der Ritter
to	**knock** nɒk	klopfen
to	**know – knew – known**	wissen, kennen
	nəʊ – njuː – nəʊn	

ladder 'lædə	die	Leiter
lady 'leɪdɪ	die	Dame
ladybird 🇬🇧, **ladybug** 🇺🇸 'leɪdɪbɜːd, 'leɪdɪbʌg	der	Marienkäfer
lain		→ to lie
lake leɪk	der	See
lamb læm	das	Schaf
lamp læmp	die	Lampe
language 'læŋgwɪdʒ	die	Sprache
laptop 'læptɒp	der	(oder das) Laptop
large lɑːdʒ		groß
last lɑːst		letzter/letzte/letztes
late leɪt		spät
to **laugh** lɑːf		lachen
lay		→ to lie
lazy 'leɪzɪ		faul (nicht fleißig)
leaf – leaves liːf – liːvz	das	Blatt – die Blätter
to **learn** lɜːn		lernen
least		→ little
to **leave – left – left** liːv – left – left		(zurück-)lassen, verlassen
leaves		→ leaf
left left		links, → to leave
leg leg	das	Bein
leisure time 'leʒə taɪm	die	Freizeit
lemon 'lemən	die	Zitrone
lemonade lemə'neɪd	die	Limonade
less		→ little
lesson 'lesn	die	(Unterrichts-)Stunde
to **let – let – let** let – let – let		lassen (erlauben)

letter

	letter letə	der	Brief, der Buchstabe
	lettuce ˈletɪs	der	Salat (Kopfsalat)
	level ˈlevl	die	Etage, die Höhe
	library ˈlaɪbrərɪ	die	Bücherei
to	**lie** laɪ		lügen
to	**lie – lay – lain**		liegen
	laɪ – leɪ – leɪn		
	Liechtenstein lɪktənʃtaɪn		Liechtenstein
	life – lives laɪf – laɪvz	das	Leben – die Leben
	lift 🇬🇧 lɪft	der	Aufzug, der Fahrstuhl
to	**lift** lɪft		heben
	light laɪt	das	Licht, hell,
			leicht (Gewicht)
to	**light – lit – lit** laɪt – lɪt – lɪt		anzünden
	lightning ˈlaɪtnɪŋ	der	Blitz
	like laɪk		wie
	to look like		aussehen wie
to	**like** laɪk		mögen
	line laɪn	die	Linie
	line 🇺🇸 laɪn	die	Schlange (Reihe)
	link lɪŋk	die	Verbindung
	lion ˈlaɪən	der	Löwe
	lip lɪp	die	Lippe
	lipstick ˈlɪpstɪk	der	Lippenstift
to	**listen to** ˈlɪsn		zuhören
	lit		→ to light
	litre 🇬🇧**, liter** 🇺🇸	der	Liter
	ˈliːtə, ˈliːtər		
	little – less – least		wenig – weniger –
	ˈlɪtl – les – liːst		am wenigsten
	little – smaller – smallest		klein – kleiner –
	ˈlɪtl – ˈsmɔːlə – ˈsmɔːlɪst		am kleinsten
to	**live** lɪv		leben, wohnen
	lives		→ life
	living room ˈlɪvɪŋ ruːm	das	Wohnzimmer
	lizard ˈlɪzəd	die	Eidechse
to	**load** ləʊd		laden

lunch

to	**lock** lɒk		abschließen
	lollipop ˈlɒlɪpɒp	der	Lutscher
	lonely ˈləʊnlɪ		einsam
	long lɒŋ		lang
to	**look** lʊk		sehen, schauen
to	**look at** lʊk ət		ansehen
to	**look for** lʊk fə		suchen
to	**look up** lʊk ˈʌp		nachschauen, nachschlagen
	lorry 🇬🇧 ˈlɒrɪ	der	Lastwagen
to	**lose – lost – lost** luːz – lɒst – lɒst		verlieren
a	**lot of** lɒt əv		viel/viele
	loud laʊd		laut
	love lʌv	die	Liebe
to	**love** lʌv		lieben
	lovely ˈlʌvlɪ		schön
	low ləʊ		niedrig
to be	**lucky** ˈlʌkɪ		Glück haben
	luggage ˈlʌgɪdʒ	das	Gepäck
	lunch lʌnʃ	das	Mittagessen

lorry

machine mə'ʃi:n	die Maschine, der Automat
mad mæd	verrückt
made	→ to make
magazine mægə'zi:n	die Zeitschrift
magic 'mædʒɪk	die Zauberei
mail 🇺🇸 meɪl	die Post
mailbox 🇺🇸 'meɪlbɑ:ks	der Briefkasten
mailman – mailmen 🇺🇸 'meɪlmæn – 'meɪlmen	der Briefträger – die Briefträger
mailwoman – mailwomen 🇺🇸 meɪl'wʊmən – meɪl'wɪmɪn	die Briefträgerin – die Briefträgerinnen
main 'meɪn	Haupt-
to **make – made – made** meɪk – meɪd – meɪd	machen
man – men mæn – men	der Mann – die Männer
many – more – most 'menɪ – mɔ: – məʊst	viele – mehr – am meisten
map mæp	die Landkarte
March mɑ:tʃ	der März
market 'mɑ:kɪt	der Markt
marmalade 'mɑ:məleɪd	die Orangenmarmelade
married 'mærɪd	verheiratet
match mætʃ	das Spiel, das Streichholz
mathematics, maths mæθɪ'mætɪks, mæθs	die Mathematik, die Mathe
matter 'mætə	die Angelegenheit
It doesn't matter.	Das macht nichts.
May meɪ	der Mai
may – might meɪ – maɪt	dürfen
maybe 'meɪbi:	vielleicht

mineral water

me miː		mich, mir
meadow ˈmedəʊ	die	Wiese
meal miːl	die	Mahlzeit
to **mean – meant – meant** miːn – ment – ment		bedeuten, meinen
meat miːt	das	Fleisch
medicine ˈmedsən	die	Medizin, das Medikament
to **meet – met – met** miːt – met – met		treffen
meeting ˈmiːtɪŋ	das	Treffen, die Begegnung
melon ˈmelən	die	Melone
memory ˈmeməri	das	Gedächtnis, die Erinnerung
men		→ man
menu ˈmenjuː	die	Speisekarte
merry-go-round ˈmeri gəʊ raʊnd	das	Karussell
mess mes	die	Unordnung
message ˈmesɪdʒ	die	Nachricht
messy ˈmesi		unordentlich
met		→ to meet
metre 🇬🇧, **meter** 🇺🇸 ˈmiːtə, ˈmiːtər	der	Meter
mice		→ mouse
middle ˈmɪdl	die	Mitte
midnight ˈmɪdnaɪt	die	Mitternacht
might		→ may
mile maɪl	die	Meile
milk mɪlk	die	Milch
millimetre 🇬🇧, **millimeter** 🇺🇸 ˈmɪlɪmiːtə, ˈmɪlɪmiːtər	der	Millimeter
million ˈmɪljən	die	Million
mine maɪn		meiner/meine/meins
mineral water ˈmɪnərəl ˈwɔːtə	das	Mineralwasser

minute

	minute ˈmɪnɪt	die Minute
	miracle ˈmɪrəkl	das Wunder
	mirror ˈmɪrə	der Spiegel
to	**miss** mɪs	vermissen, verfehlen
	mistake mɪˈsteɪk	der Fehler
to	**mix** mɪks	mischen
	mobile phone ˌməʊbaɪl ˈfəʊn	das Handy
	modern ˈmɒdn	modern
	mole məʊl	der Maulwurf
	mom 🇺🇸, **mommy** 🇺🇸 mɑːm, ˈmɑːmɪ	die Mama, die Mami
	moment ˈməʊmənt	der Moment, der Augenblick
	Monday ˈmʌndeɪ	der Montag
	money ˈmʌnɪ	das Geld
	monitor ˈmɒnɪtə	der Monitor
	monkey ˈmʌŋkɪ	der Affe
	monster ˈmɒnstə	das Monster, das Ungeheuer
	month mʌnθ	der Monat
	moon muːn	der Mond
	more	→ much, many

moon

my

	morning 'mɔːnɪŋ	der	Morgen, der Vormittag
	most	→	much, many
	mother 'mʌðə	die	Mutter
	motor 'məʊtə	der	Motor
	motorbike 'məʊtəbaɪk	das	Motorrad
	motorcycle 'məʊtəsaɪkl	das	Motorrad
	motorway 🇬🇧 'məʊtəweɪ	die	Autobahn
	mountain 'maʊntɪn	der	Berg
	mountain bike 'maʊntɪn baɪk	das	Mountainbike
	mouse – mice maʊs – maɪs	die	Maus – die Mäuse
	mouth maʊθ	der	Mund
to	**move** muːv		bewegen, umziehen (Wohnungswechsel)
	movie 🇺🇸 'muːvi	der	Film
	MP3 player 'ɛmpiː 'θriː 'pleɪə	der	MP3-Spieler
	Mr 'mɪstə		Herr (Anrede)
	Mr Beckham		Herr Beckham
	Mrs 'mɪsɪz		Frau (Anrede)
	Mrs Wilson		Frau Wilson
	Ms, Miss mɪz		Frau (Anrede für die unverheiratete Frau)
	Miss Marple		Frau Marple
	much – more – most mʌtʃ – mɔː – məʊst		viel – mehr – am meisten
	muffin 'mʌfɪn	der	Muffin
	mug mʌg	der	Becher
to	**multiply** 'mʌltɪplaɪ		multiplizieren
	mum 🇬🇧**, mummy** 🇬🇧 mʌm, 'mʌmi	die	Mama, die Mami
	museum mjuː'ziːəm	das	Museum
	mushroom 'mʌʃrʊm	der	Pilz
	music 'mjuːzɪk	die	Musik
	must – had to mʌst – hæd tə		müssen
	my maɪ		mein/meine

49

	nail neɪl	der	Nagel
	naked 'neɪkɪd		nackt
	name neɪm	der	Name
	napkin 'næpkɪn	die	Serviette
	nappy 🇬🇧 'næpɪ	die	Windel
	narrow 'nærəʊ		eng
	nature 'neɪtʃə	die	Natur
	near nɪə		nahe, in der Nähe
	neck nek	der	Hals
to	**need** niːd		brauchen
	needle 'niːdl	die	Nadel
	neighbour 🇬🇧,	der	Nachbar,
	neighbor 🇺🇸	die	Nachbarin
	'neɪbə, 'neɪbər		
	nervous 'nɜːvəs		nervös
	nest nest	das	Nest
	never 'nevə		nie, niemals
	new njuː		neu
	New Year njuː 'jɪə	das	Neujahr
	New Year's Eve	das	Silvester
	njuː jɪəz 'iːv		
	New Zealand njuː 'ziːlənd		Neuseeland
	news njuːz	die	Nachrichten
	newspaper 'njuːzpeɪpə	die	Zeitung
	next nekst		nächster/nächste/nächstes
	next to nekst tə		neben
	nice naɪs		nett, schön
	night naɪt	die	Nacht
	nine naɪn		neun
	nineteen naɪn'tiːn		neunzehn

of course

ninety 'naɪntɪ		neunzig
ninth naɪnθ		neunte, der/die/das Neunte
no nəʊ		nein, kein/keine
nobody 'nəʊbədɪ		niemand
noisy 'nɔɪzɪ		laut
none of 'nʌn ʌv		keiner/keine/keins
none of them		keiner von ihnen
noodle 'nuːdl	die	Nudel
noon nuːn	der	Mittag
north nɔːθ	der	Norden
nose nəʊz	die	Nase
not nɒt		nicht
nothing 'nʌθɪŋ		nichts
November nə'vembə	der	November
now naʊ		jetzt
nowhere 'nəʊweə		nirgends
number 'nʌmbə	die	Zahl, die Nummer
nurse nɜːs	die	Krankenschwester, der Krankenpfleger
nut nʌt	die	Nuss

ocean 'əʊʃn	der	Ozean, das Meer
o'clock ə'klɒk		Uhr
3 o'clock		drei Uhr
October ɒk'təʊbə	der	Oktober
of əv		von
of course əv 'kɔːs		natürlich, selbstverständlich

51

off

off ɒf		von, weg
office ˈɒfɪs	das	Büro
often ˈɒfn		oft
oil ɔɪl	das	Öl
OK, okay əʊˈkeɪ		in Ordnung, okay
old əʊld		alt
on ɒn		auf, an
on the left ˈɒn ðə ˈleft		auf der linken Seite
on the right ˈɒn ðə ˈraɪt		auf der rechten Seite
once wʌns		einmal
one wʌn		eins
onion ˈʌnjən	die	Zwiebel
only ˈəʊnlɪ		nur
open ˈəʊpn		offen, geöffnet (Geschäft)
to open ˈəʊpn		öffnen, aufmachen
opinion əˈpɪnjən	die	Meinung
opposite ˈɒpəzɪt	das	Gegenteil, gegenüber
or ɔː		oder
orange ˈɒrɪndʒ	die	Orange, die Apfelsine, orange (Farbe)
orange juice ˈɒrɪndʒ ˈdʒuːs	der	Orangensaft
orchestra ˈɔːkɪstrə	das	Orchester
to order ˈɔːdə		bestellen, befehlen
other ˈʌðə		anderer/andere/anderes
ouch aʊtʃ		aua, autsch
our ˈaʊə		unser/unsere
out, out of aʊt, aʊt əv		aus, hinaus
outfit ˈaʊtfɪt	das	Outfit
outside aʊtˈsaɪd		draußen, außen
oven ˈʌvn	der	Backofen
over ˈəʊvə		über, vorbei
owl aʊl	die	Eule
own əʊn		eigener/eigene/eigenes
to own əʊn		besitzen

to	**pack** pæk		packen
	page peɪdʒ	die	Seite (Buch)
	paid		→ to pay
	paint peɪnt	die	Farbe
to	**paint** peɪnt		malen, anstreichen
	paintbrush ˈpeɪntbrʌʃ	der	Pinsel
	pair peə	das	Paar
	pajamas 🇺🇸 pəˈdʒɑːməz	der	Schlafanzug
	pan pæn	die	Pfanne
	pancake ˈpænkeɪk	der	Pfannkuchen
	pants 🇬🇧 pænts	die	Unterhose
	pants 🇺🇸 pænts	die	Hose
	paper ˈpeɪpə	das	Papier
	parcel ˈpɑːsl	das	Paket
	Pardon? ˈpɑrdən		Wie bitte?
	parents ˈpeərənts	die	Eltern
	park pɑːk	der	Park
to	**park** pɑːk		parken
	parrot ˈpærət	der	Papagei
	part pɑːt	der	Teil
	partner ˈpɑːtnə	der	Partner, die Partnerin
	party ˈpɑːtɪ	die	Party
to	**pass** pɑːs		vorbeigehen, geben
	passenger ˈpæsɪndʒə	der	Fahrgast, der Passagier
	passport ˈpɑːspɔːt	der	Reisepass, der Pass
	password ˈpɑːswɜːd	das	Passwort
	past pɑːst		nach
	a quarter past two		Viertel nach zwei
	pasta ˈpæstə	die	Nudeln
	pastry ˈpeɪstrɪ	der	Teig, das Gebäck
	path pɑːθ	der	Weg, der Pfad

patient

patient ˈpeɪʃənt	der	Patient, die Patientin
pavement 🇬🇧 ˈpeɪvmənt	der	Bürgersteig
to **pay – paid – paid**		bezahlen
peɪ – peɪd – peɪd		
PC (personal computer)	der	PC
piːˈsiː		
pea piː	die	Erbse
peace piːs	der	Frieden
peach piːtʃ	der	Pfirsich
peanut ˈpiːnʌt	die	Erdnuss
peanut butter ˈpiːnʌt ˈbʌtə	die	Erdnussbutter
pear peə	die	Birne
pedestrian pɪˈdestrɪən	der	Fußgänger,
	die	Fußgängerin
pedestrian crossing	der	Zebrastreifen
pɪdestrɪən ˈkrɒsɪŋ		
to **peel** piːl		schälen
pen pen	der	Füller, der Stift
pence pens	der	Pence
pencil ˈpensɪl	der	Bleistift
pencil case ˈpensɪl keɪs	das	Mäppchen
pencil sharpener	der	Spitzer
ˈpensɪl ʃɑːpnə		
penguin ˈpeŋgwɪn	der	Pinguin
people ˈpiːpl	die	Leute, die Menschen
pepper ˈpepə	der	Pfeffer, die Paprikaschote
perhaps pəˈhæps		vielleicht
person ˈpɜːsn	die	Person
pet pet	das	Haustier
petrol 🇬🇧 ˈpetrl	das	Benzin
petrol station 🇬🇧	die	Tankstelle
ˈpetrl steɪʃn		
phone fəʊn	das	Telefon
to **phone** fəʊn		anrufen
photo ˈfəʊtəʊ	das	Foto
Physical education	der	Sport(unterricht)
ˈfɪzɪkəl edʒəˈkeɪʃən		

platform

planet

	piano pɪˈænəʊ	das Klavier
to	**pick** pɪk	pflücken
	picnic ˈpɪknɪk	das Picknick
	picture ˈpɪktʃə	das Bild
	piece piːs	das Stück
to	**pierce** pɪəs	durchstechen, durchbohren
	piercing ˈpɪəsɪŋ	das Piercing
	pig pɪg	das Schwein
	pillow ˈpɪləʊ	das Kopfkissen
	pilot ˈpaɪlət	der Pilot
	pineapple ˈpaɪnæpl	die Ananas
	pink pɪŋk	pink, rosa
	pirate ˈpaɪrət	der Pirat
	pizza ˈpiːtsə	die Pizza
	place pleɪs	der Ort
to	**plan** plæn	planen
	plane pleɪn	das Flugzeug
	planet ˈplænɪt	der Planet
	plant plɑːnt	die Pflanze
to	**plant** plɑːnt	pflanzen
	plaster ˈplɑːstə	das Pflaster
	plastic bag ˈplæstɪk ˈbæg	die Plastiktüte
	plate pleɪt	der Teller
	platform ˈplætfɔːm	der Bahnsteig

play

	play pleɪ	das	Spiel, das Theaterstück
to	**play** pleɪ		spielen
	playground 'pleɪgraʊnd	der	Schulhof, der Spielplatz
	please pliːz		bitte
to	**please** pliːz		gefallen
	plum plʌm	die	Pflaume
	p.m. piː'em		nachmittags, abends (Uhrzeit)
	2 p.m.		14 Uhr
	pocket 'pɒkɪt	die	Tasche
	pocket money 'pɒkɪt mʌnɪ	das	Taschengeld
	poem 'pəʊɪm	das	Gedicht
	point pɔɪnt	der	Punkt
to	**point** pɔɪnt		zeigen
	poisonous 'pɔɪzənəs		giftig
	polar bear pəʊlə 'beə	der	Eisbär
	police pə'liːs	die	Polizei
	policeman – policemen pə'liːsmən – pə'liːsmən	der	Polizist – die Polizisten
	policewoman – policewomen pə'liːswʊmən – pə'liːswɪmɪn	die	Polizistin – die Polizistinnen
	pond pɒnd	der	Teich
	pony 'pəʊnɪ	das	Pony
	poor pʊə		arm
	pop pɒp	die	Popmusik, der Pop
	popcorn 'pɒpkɔːn	das	Popcorn
	pork pɔːk	das	Schweinefleisch
	porridge 'pɒrɪdʒ	der	Porridge, der Haferbrei
	port pɔːt	der	Hafen
	possible 'pɒsɪbl		möglich
	post 🇬🇧 pəʊst	die	Post
	postbox 🇬🇧 'pəʊstbɒks	der	Briefkasten
	postcard 'pəʊstkaːd	die	Postkarte
	poster 'pəʊstə	das	Plakat, das Poster
	postman – postmen 🇬🇧 'pəʊstmən – 'pəʊstmən	der	Briefträger – die Briefträger

printer

post office 'pəʊst 'ɒfɪs		die	Post, das Postamt
postwoman –		die	Briefträgerin –
postwomen 🇬🇧			die Briefträgerinnen
'pəʊstwʊmən – 'pəʊstwɪmɪn			
pot pɒt		der	Topf
potato pə'teɪtəʊ		die	Kartoffel
pound paʊnd		das	Pfund
to **pour** pɔː			gießen, schütten
power paʊə		die	Kraft, die Macht
powerful 'paʊəfl			stark, kräftig
to **practise** 'præktɪs			üben, trainieren
pram 🇬🇧 præm		der	Kinderwagen
to **prefer** prɪ'fɜː			vorziehen, lieber tun
to **prepare** prɪ'peə			vorbereiten
present 'prezənt		das	Geschenk
to **press** pres			drücken
pretty 'prɪtɪ			hübsch
price praɪs		der	Preis
primary school		die	Grundschule
'praɪmərɪ skuːl			
prince prɪns		der	Prinz
princess 'prɪnses		die	Prinzessin
to **print** prɪnt			drucken
printer 'prɪntə		der	Drucker

powerful

57

prison

prison ˈprɪzn	das	Gefängnis
prize praɪz	der	Gewinn, der Preis
problem ˈprɒbləm	das	Problem
profession prəˈfeʃn	der	Beruf
program ˈprəʊgræm	das	(Computer-)Programm
programme 🇬🇧, **program** 🇺🇸 ˈprəʊgræm, ˈprəʊgræm	das	Fernsehprogramm
pub pʌb	die	Kneipe
pudding ˈpʊdɪŋ	der	Pudding, die süße Nachspeise
puddle ˈpʌdəl	die	Pfütze
to **pull** pʊl		ziehen
pullover ˈpʊləʊvə	der	Pullover
pumpkin ˈpʌmpkɪn	der	Kürbis
pupil 🇬🇧 ˈpjuːpɪl	der	Schüler, die Schülerin
puppy ˈpʌpɪ	der	Welpe
purple ˈpɜːpl		lila
purse pɜːs	der	Geldeutel, das Portemonnaie
to **push** pʊʃ		stoßen, schubsen, schieben
to **put – put – put** pʊt – pʊt – pʊt		legen, stellen
to **put on** pʊt ˈɒn		anziehen
puzzle ˈpʌzl	das	Rätsel
pyjamas 🇬🇧 pɪˈdʒɑːməz	der	Schlafanzug

pudding

58

quarter 'kwɔːtə		das	Viertel
a quarter past two			Viertel nach zwei
a quarter to three			Viertel vor drei
queen kwiːn		die	Königin
question 'kwestʃn		die	Frage
queue 🇬🇧 kjuː		die	Schlange (Reihe)
quick kwɪk			schnell
quiet 'kwaɪət			leise, ruhig
quite kwaɪt			ganz, ziemlich
quiz kwɪz		das	Quiz, das Ratespiel

rabbit 'ræbɪt		das	Kaninchen
race reɪs		das	Rennen
racket 'rækɪt		der	Schläger (Tennis, Squash)
radio 'reɪdɪəʊ		das	Radio
railway 🇬🇧, **railroad** 🇺🇸 'reɪlweɪ, 'reɪlrəʊd		die	(Eisen-)Bahn
rain reɪn		der	Regen
to **rain** reɪn			regnen
rainbow 'reɪnbəʊ		der	Regenbogen
raincoat 'reɪnkəʊt		der	Regenmantel

rainy

	rainy 'reɪnɪ	regnerisch
	ran	→ to run
	ranch 🇺🇸 ræntʃ	die Ranch
	rang	→ to ring
	raspberry 'rɑːzbərɪ	die Himbeere
	rat ræt	die Ratte
to	**reach** riːtʃ	erreichen
to	**read – read – read**	lesen
	riːd – red – red	
	ready 'redɪ	fertig
	real, really rɪəl, 'rɪəlɪ	wirklich, echt
to	**record** rɪˈkɔːd	aufnehmen, aufzeichnen
	recorder rɪˈkɔːdə	der Rekorder, die Blockflöte
	rectangle 'rektæŋgl	das Rechteck
	red red	rot
	refrigerator rɪˈfrɪdʒəreɪtə	der Kühlschrank
	reindeer 'reɪndɪə	das Rentier
	relative 'relətɪv	der Verwandte, die Verwandte
to	**relax** rɪˈlæks	sich entspannen
to	**remember** rɪˈmembə	sich erinnern an
	remote control rɪməʊt kənˈtrəʊl	die Fernbedienung, die Fernsteuerung
to	**rent** rent	mieten
to	**repair** rɪˈpeə	reparieren
to	**repeat** rɪˈpiːt	wiederholen

road

	reporter rɪˈpɔːtə	der	Reporter,
		die	Reporterin
to	**rescue** ˈreskjuː		retten
	rest rest	der	Rest, die Ruhepause
	restaurant ˈrestərɒnt	das	Restaurant
	restroom 🇺🇸 ˈrestruːm	die	Toilette
	result rɪˈzʌlt	das	Ergebnis
to	**return** rɪˈtɜːn		zurückkommen, zurückkehren
	rhinoceros raɪˈnɒsərəs	das	Nashorn
	rhyme raɪm	der	Reim
	rice raɪs	der	Reis
	rich rɪtʃ		reich
to	**ride – rode – ridden** raɪd – rəʊd – ˈrɪdn		reiten, fahren
to	**ride a bike** raɪd ə baɪk		Fahrrad fahren
to	**ride a horse** raɪd ə hɔːs		reiten
	right raɪt		rechts, richtig
	ring rɪŋ	der	Ring
to	**ring – rang – rung** rɪŋ – ræŋ – rʌŋ		klingeln, läuten
	ripe raɪp		reif
to	**rise – rose – risen** raɪz – rəʊz – ˈrɪzn		aufsteigen, aufgehen (Sonne, Mond)
	river ˈrɪvə	der	Fluss
	road rəʊd	die	Straße

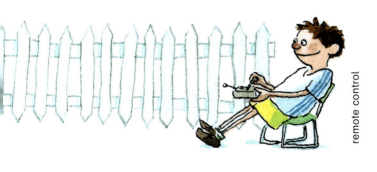

remote control

roar

to	**roar** rɔː		brüllen (Löwe, Tiger)
to	**roast** rəʊst		braten, rösten
	robot ˈrəʊbɒt	der	Roboter
	rock rɒk	der	Fels, der Felsen
to	**rock** rɒk		schaukeln, wiegen
	rocket ˈrɒkɪt	die	Rakete
	rode		→ to ride
	roll rəʊl	das	Brötchen
to	**roll** rəʊl		rollen
	roller skate ˈrəʊlə skeɪt	der	Rollschuh, der Rollerskate
	roof ruːf	das	Dach
	room ruːm	das	Zimmer, der Raum
	root ruːt	die	Wurzel
	rope rəʊp	das	Seil
	rope-skipping 🇺🇸 ˈrəʊp ˈskɪpɪŋ	das	Seilspringen
	rose rəʊz	die	Rose, → to rise
	round raʊnd		rund, um ... herum, die Runde
	route ruːt	die	Route, der Weg
	routine ruːˈtiːn	die	Routine
	row rəʊ	die	Reihe
	rubber 🇬🇧 ˈrʌbə	der	Radiergummi
	rubber boots ˈrʌbə buːts	die	Gummistiefel
	rubbish 🇬🇧 ˈrʌbɪʃ	der	Müll
to	**rub out** rʌb ˈaʊt		ausradieren
	rucksack ˈrʌksæk	der	Rucksack
	rugby ˈrʌgbɪ	das	Rugby
	rule ruːl	die	Regel
	ruler ˈruːlə	das	Lineal
to	**run – ran – run** rʌn – ræn – rʌn		rennen, laufen
	rung		→ to ring
to	**rush** rʌʃ		sich beeilen
	rush hour ˈrʌʃ aʊə	die	Hauptverkehrszeit, die Rushhour

	sad sæd		traurig
	saddle ˈsædl	der	Sattel
	safe seɪf		sicher
	safety ˈseɪftɪ	die	Sicherheit
	said		→ to say
to	**sail** seɪl		segeln
	salad ˈsæləd	der	Salat (zubereitet)
	sale seɪl	der	Verkauf
	salt sɔːlt	das	Salz
	salty ˈsɔːltɪ		salzig
	same seɪm	der	gleiche/die gleiche/ das gleiche
	sand sænd	der	Sand
	sandal ˈsændl	die	Sandale
	sandbox 🇺🇸 **sandpit** 🇬🇧 ˈsændbɑːks, ˈsændpɪt	der	Sandkasten
	sandwich ˈsænwɪdʒ	das	Sandwich
	sang		→ to sing
	Santa Claus ˈsæntə klɔːz	der	Weihnachtsmann
	sat		→ to sit
	satellite ˈsætəlaɪt	der	Satellit
	Saturday ˈsætədeɪ	der	Samstag, der Sonnabend
	sauce sɔːs	die	Soße
	sausage ˈsɒsɪdʒ	die	Wurst, das Würstchen
to	**save** seɪv		retten, sparen
	saw		→ to see
to	**say – said – said** seɪ – sed – sed		sagen
to	**scare** skeə		Angst machen
	scarf – scarves skɑːf – skɑːvz	der	Schal – die Schals

scissors

school skuːl	die	Schule
schoolbag ˈskuːlbæg	die	Schultasche, der Ranzen
science fiction saɪəns ˈfɪkʃn	die	Science-Fiction
scissors ˈsɪzəz	die	Schere
scooter ˈskuːtə	der	Roller
Scotland ˈskɒtlənd		Schottland
Scottish ˈskɒtɪʃ		schottisch
to **scratch** skrætʃ		kratzen
to **scream** skriːm		schreien
screen skriːn	der	Bildschirm
sea siː	das	Meer
seagull ˈsiːgʌl	die	Möwe
seal siːl	die	Robbe, der Seehund
seaside ˈsiːsaɪd	die	(Meeres-)Küste
season ˈsiːzn	die	Jahreszeit
seat siːt	der	Platz, der Sitz
seat belt ˈsiːt belt	der	Sicherheitsgurt
second ˈsekənd		zweite, der/die/das Zweite, die Sekunde
secondary school ˈsekəndərɪ skuːl	die	weiterführende Schule
secret ˈsiːkrɪt	das	Geheimnis
secretary ˈsekrətərɪ	der	Sekretär, die Sekretärin
to **see – saw – seen** siː – sɔː – siːn		sehen
to **seem** siːm		scheinen (wirken)
seen		→ to see
see-saw ˈsiː sɔː	die	Wippe

ship

to	**sell – sold – sold**	verkaufen
	sel – səʊld – səʊld	
to	**send – sent – sent**	schicken, senden
	send – sent – sent	
	sense sens	der Sinn
	sent	→ to send
	sentence ˈsentəns	der Satz
	September sepˈtembə	der September
	serious ˈsɪərɪəs	ernst
to	**serve** sɜːv	servieren, dienen
	service ˈsɜːvɪs	der Service
	serviette 🇬🇧 sɜːvɪˈet	die Serviette
to	**set – set – set** set – set – set	legen, stellen
to	**set up** set ˈʌp	aufbauen, aufstellen
	seven ˈsevn	sieben
	seventeen sevnˈtiːn	siebzehn
	seventh ˈsevnθ	siebte, der/die/das Siebte
	seventy ˈsevntɪ	siebzig
	several ˈsevrl	einige, mehrere
	shadow ˈʃædəʊ	der Schatten
	shall – should ʃæl – ʃʊd	sollen
	shampoo ʃæmˈpuː	das Shampoo
	shape ʃeɪp	die Form
to	**share** ʃeə	teilen
	shark ʃɑːk	der Hai
	sharp ʃɑːp	scharf (Messer)
to	**sharpen** ˈʃɑːpn	(an-)spitzen
	sharpener ˈʃɑːpnə	der Spitzer
	she ʃiː	sie
	sheep – sheep ʃiːp – ʃiːp	das Schaf – die Schafe
	sheet ʃiːt	das Blatt (Papier)
	shelf – shelves ʃelf – ʃelvz	das Regal – die Regale
	shell ʃel	die Muschel
	sheriff ˈʃerɪf	der Sheriff
to	**shine – shone – shone**	scheinen (leuchten)
	ʃaɪn – ʃɒn – ʃɒn	
	ship ʃɪp	das Schiff

shirt

	shirt ʃɜːt	das	Hemd
	shoe ʃuː	der	Schuh
	shone		→ to shine
to	**shoot – shot – shot**		schießen
	ʃuːt – ʃɒt – ʃɒt		
	shop ʃɒp	das	Geschäft, der Laden
to	**shop** ʃɒp		einkaufen
	shop assistant	der	Verkäufer,
	ˈʃɒp əˈsɪstənt	die	Verkäuferin
	shopping ˈʃɒpɪŋ	der	Einkauf
	shopping bag ˈʃɒpɪŋ ˈbæg	die	Einkaufstasche
	short ʃɔːt		kurz
	shorts ʃɔːrts	die	Shorts, die Sporthose, die Unterhose 🇺🇸
	shot		→ to shoot
	should		→ shall
	shoulder ˈʃəʊldə	die	Schulter
to	**shout** ʃaʊt		schreien
	show ʃəʊ	die	Vorstellung, die Show
to	**show – showed – shown**		zeigen
	ʃəʊ – ʃəʊd – ʃəʊn		
	shower ˈʃaʊə	der	Regenschauer, die Dusche
	to take a shower		duschen
	shown		→ to show
to	**shut – shut – shut**		schließen, zumachen
	ʃʌt – ʃʌt – ʃʌt		
	shy ʃaɪ		schüchtern
	sick sɪk		krank
	side saɪd	die	Seite
	sidewalk 🇺🇸 ˈsaɪdwɔːk	der	Bürgersteig
	sight saɪt	die	Sehenswürdigkeit
	sign saɪn	das	Zeichen, das Schild
	signal ˈsɪgnl	das	Signal
	silly ˈsɪli		dumm, albern
	silver ˈsɪlvə	das	Silber, silbern
	simple ˈsɪmpl		einfach

skip

sick

since sɪns		seit
to **sing – sang – sung** sɪŋ – sæŋ – sʌŋ		singen
single ˈsɪŋgl		einfach, einzeln, der Single
sink sɪŋk	das	Spülbecken, die Spüle
sister ˈsɪstə	die	Schwester
to **sit – sat – sat** sɪt – sæt – sæt		sitzen
to **sit down** sɪt ˈdaʊn		sich hinsetzen
six sɪks		sechs
sixteen sɪksˈtiːn		sechzehn
sixth sɪksθ		sechste, der/die/das Sechste
sixty ˈsɪkstɪ		sechzig
size saɪz	die	Größe, der Umfang
skate skeɪt	der	Schlittschuh
skateboard ˈskeɪtbɔːd	das	Skateboard
skeleton ˈskelɪtn	das	Skelett
sketch-pad ˈsketʃ pæd	der	Zeichenblock
ski skiː	der	Ski
skin skɪn	die	Haut
to **skip** skɪp		seilspringen, überspringen

skipping rope

	skipping rope 🇬🇧, **skip-rope** 🇺🇸	das	Springseil
	ˈskɪpɪŋ rəʊp, ˈskɪp rəʊp		
	skirt skɜːt	der	Rock
	sky skaɪ	der	Himmel
	skyscraper ˈskaɪskreɪpə	der	Wolkenkratzer
	sledge sledʒ	der	Schlitten
to	**sleep – slept – slept**		schlafen
	sliːp – slept – slept		
	sleigh sleɪ	der	(Pferde-)Schlitten
	slept		→ to sleep
	slice slaɪs	die	Scheibe
to	**slide** slaɪd		rutschen
	slipper ˈslɪpə	der	Hausschuh
	slow sləʊ		langsam
	small smɔːl		klein, schmal
	smartphone ˈsmɑːtfəʊn	das	Smartphone
	smell smel	der	Geruch
to	**smell – smelt – smelt**		riechen, duften
	smel – smelt – smelt		
to	**smile** smaɪl		lächeln
	smoke sməʊk	der	Rauch
to	**smoke** sməʊk		rauchen
	snail sneɪl		Schnecke
	snake sneɪk	die	Schlange (Tier)

to smell

speak

	sneakers 🇺🇸 ˈsniːkərz	die	Turnschuhe
to	**sneeze** sniːz		niesen
	snow snəʊ	der	Schnee
to	**snow** snəʊ		schneien
	snowboard ˈsnəʊbɔːd	das	Snowboard
	so səʊ		so, also
	soap səʊp	die	Seife
	soccer 🇺🇸 ˈsɒkə	der	Fußball (Spiel)
	sock sɒk	die	Socke, der Strumpf
	sofa ˈsəʊfə	das	Sofa
	soft sɒft		weich
	software ˈsɒftweə	die	Software
	sold		→ to sell
	some sʌm		einige, etwas
	somebody ˈsʌmbədɪ		jemand
	somehow ˈsʌmhaʊ		irgendwie
	someone ˈsʌmwʌn		jemand
	something ˈsʌmθɪŋ		etwas
	sometimes ˈsʌmtaɪmz		manchmal
	somewhere ˈsʌmweə		irgendwo
	son sʌn	der	Sohn
	song sɒŋ	das	Lied, der Song
	soon suːn		bald
	sore sɔːr		weh, wund
	Sorry! ˈsɒrɪ		Entschuldigung!
	I'm sorry!		Es tut mir leid!
to	**sort** sɔːt		sortieren
	soup suːp	die	Suppe
	sour ˈsaʊə		sauer
	south saʊθ	der	Süden
	souvenir suːvəˈnɪə	das	Andenken, das Souvenir
	space speɪs	der	Raum, der Weltraum
	space shuttle ˈspeɪs ʃʌtl	die	Raumfähre
	spaghetti spəˈgetɪ	die	Spaghetti
to	**speak – spoke – spoken** spiːk – spəʊk – ˈspəʊkn		sprechen

special

	special 'speʃl	besonderer/besondere/besonderes
	speed spiːd	die Geschwindigkeit
to	**spell – spelt – spelt** spel – spelt – spelt	buchstabieren
to	**spend – spent – spent** spend – spent – spent	ausgeben, verbringen
	spider 'spaɪdə	die Spinne
to	**spill** spɪl	verschütten
	spoke – spoken	→ to speak
	sponge spʌndʒ	der Schwamm
	spoon spuːn	der Löffel
	sport spɔːt	der Sport
	spot spɒt	der Fleck
to	**spray** spreɪ	sprühen
	spring sprɪŋ	der Frühling
	square skweə	das Quadrat, quadratisch, der Platz
	squash skwɒʃ	das Squash
	squirrel 'skwɪrl	das Eichhörnchen
	St. Valentine's Day sənt 'væləntaɪnz deɪ	der Valentinstag

stormy

stress

	stair steə	die	(Treppen-)Stufe
	stairs steəz	die	Treppe
	stamp stæmp	die	Briefmarke
to	**stamp** stæmp		stempeln, stampfen
to	**stand – stood – stood**		stehen
	stænd – stʊd – stʊd		
to	**stand up** stænd ˈʌp		aufstehen
	star stɑː	der	Stern, der Star (Person)
	start stɑːt	der	Anfang, der Beginn
to	**start** stɑːt		anfangen, beginnen
	station ˈsteɪʃn	der	Bahnhof, die Station
to	**stay** steɪ		bleiben
to	**steal – stole – stolen**		stehlen
	stiːl – stəʊl – ˈstəʊln		
	step step	die	Stufe, der Schritt
	steward ˈstjuːəd	der	Steward
	stewardess ˈstjuːədɪs	die	Stewardess
to	**stick – stuck – stuck**		stecken, kleben
	stɪk – stʌk – stʌk		
	sticker ˈstɪkə	der	Aufkleber, der Sticker
	still stɪl		noch
	stocking ˈstɒkɪŋ	der	Strumpf
	stole – stolen		→ to steal
	stomach ˈstʌmək	der	Magen
	stone stəʊn	der	Stein
	stood		→ to stand
	stop stɒp	die	Haltestelle
to	**stop** stɒp		anhalten, aufhören
	storm stɔːm	der	Sturm
	stormy ˈstɔːmɪ		stürmisch
	story ˈstɔːrɪ	die	Geschichte (Erzählung)
	stove stəʊv	der	Herd
	straight streɪt		gerade, glatt (Haare)
	strange streɪndʒ		seltsam
	strawberry ˈstrɔːbərɪ	die	Erdbeere
	street striːt	die	Straße
	stress stres	der	Stress

stretch

to	**stretch** stretʃ	strecken
	strict strɪkt	streng
to	**strike – struck – struck** straɪk – strʌk – strʌk	schlagen, treffen
	string strɪŋ	die Schnur
	stripe straɪp	der Streifen
	stripy 'straɪpɪ	gestreift
	strong strɒŋ	stark
	struck	→ to strike
	stuck	→ to stick
	student 'stjuːdənt	der Student, die Studentin
	student 🇺🇸 'stjuːdənt	der Schüler, die Schülerin
to	**study** 'stʌdɪ	studieren, lernen
	stuntman – stuntmen 'stʌntmən – 'stʌntmən	der Stuntmann – die Stuntmänner
	stuntwoman – stuntwomen 'stʌntwʊmən – 'stʌntwɪmɪn	die Stuntfrau – die Stuntfrauen
	stupid 'stjuːpɪd	dumm
	subject 'sʌbdʒɪkt	das Thema, das (Schul-)Fach
to	**subtract** səb'trækt	subtrahieren, abziehen
	subway 🇺🇸 'sʌbweɪ	die Untergrundbahn, die U-Bahn
	such sʌtʃ	solch, so
	suddenly 'sʌdnlɪ	plötzlich
	sugar 'ʃʊgə	der Zucker
	suitcase 'suːtkeɪs	der Koffer
	summer 'sʌmə	der Sommer
	sun sʌn	die Sonne
	Sunday 'sʌndeɪ	der Sonntag
	sunflower 'sʌnflaʊə	die Sonnenblume
	sung	→ to sing
	sunglasses 'sʌnglɑːsɪz	die Sonnenbrille
	sunny 'sʌnɪ	sonnig
	sunshine 'sʌnʃaɪn	der Sonnenschein
	super 'suːpə	toll, super
	supermarket 'suːpəmɑːkɪt	der Supermarkt
	supper 'sʌpə	das Abendbrot
	sure ʃʊə	sicher

swum

to	**surf** sɜːf		surfen
	surfboard ˈsɜːfbɔːd	das	Surfbrett
	surprise səˈpraɪz	die	Überraschung
to	**swallow** ˈswɒləʊ		schlucken
	swam		→ to swim
to	**sweat** swet		schwitzen
	sweater ˈswetə	der	Pullover
	sweatshirt ˈswetʃɜːt	das	Sweatshirt
	sweet swiːt		süß
	sweets swiːts	die	Süßigkeiten
to	**swim – swam – swum**		schwimmen
	swɪm – swæm – swʌm		
	swimming costume	der	Badeanzug
	ˈswɪmɪŋ kɒstjuːm		
	swimming pool	das	Schwimmbecken,
	ˈswɪmɪŋ puːl		das Schwimmbad
	swimming trunks	die	Badehose
	ˈswɪmɪŋ trʌŋks		
	swimsuit ˈswɪmsuːt	der	Badeanzug
	swing swɪŋ	die	Schaukel
	Swiss swɪs		schweizerisch
	switch swɪtʃ	der	Schalter
to	**switch** swɪtʃ		umschalten
	Switzerland ˈswɪtsələnd	die	Schweiz
	swum		→ to swim

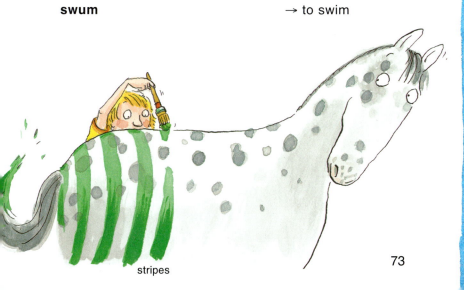

stripes

73

table 'teɪbl	der	Tisch
tail teɪl	der	Schwanz
to **take – took – taken**		nehmen
teɪk – tʊk – 'teɪkn		
to **take a bath** teɪk ə bɑːθ		baden
to **take a shower** teɪk ə 'ʃaʊə		duschen
to **take care** teɪk keə		aufpassen
to **take off** teɪk ɒf		ausziehen (Kleider), abheben (Flugzeug)
to **take the bus** teɪk ðə bʌs		den Bus nehmen
takeaway 'teɪkəweɪ	das	Essen zum Mitnehmen
taken		→ to take
to **talk** tɔːk		sprechen
talk show  'tɔːk ʃəʊ	die	Talkshow
tall tɔːl		groß, hoch
tame teɪm		zahm
tap tæp	der	Wasserhahn
tape teɪp	das	Klebeband, das Tonband
task tɑːsk	die	Aufgabe
to **taste** teɪst		schmecken, probieren
tattoo tə'tuː	die	Tätowierung, der (oder das) Tattoo
taught		→ to teach
taxi 🇬🇧 'tæksɪ	das	Taxi
tea tiː	der	Tee
to **teach – taught – taught** tiːtʃ – tɔːt – tɔːt		unterrichten
teacher 'tiːtʃə		der Lehrer, die Lehrerin
team tiːm	das	Team, die Mannschaft

their

	tear tɪə	die	Träne
to	**tear – tore – torn**		zerreißen
	teə – tɔː – tɔːn		
to	**tease** tiːz		necken
	technical ˈteknɪkəl		technisch
	teddy bear ˈtedɪ beə	der	Teddybär, der Teddy
	teenager ˈtiːneɪdʒə	der	Teenager
	teeth		→ tooth
	telephone ˈtelɪfəʊn	das	Telefon
	television ˈtelɪvɪʒn	das	Fernsehen,
			der Fernseher
to	**tell – told – told**		erzählen, sagen
	tel – təʊld – təʊld		
	temperature ˈtemprɪtʃə	die	Temperatur
	ten ten		zehn
	tennis ˈtenɪs	das	Tennis
	tent tent	das	Zelt
	tenth tenθ		zehnte,
			der/die/das Zehnte
	terrible ˈterɪbl		schrecklich
	terrific təˈrɪfɪk		klasse, toll
	test test	die	Klassenarbeit, der Test
to	**test** test		überprüfen, untersuchen
	text tekst	der	Text
	than ðæn		als (beim Vergleich)
to	**thank** θæŋk		danken
	Thank you! ˈθæŋk juː		Danke schön!
	Thanks! θæŋks		Danke!
	Thanksgiving 🇺🇸	das	Erntedankfest
	ˈθæŋksɡɪvɪŋ		
	that ðæt		dieser/diese/dieses,
			der/die/das
	the ðə		der/die/das
	theatre 🇬🇧,	das	Theater
	theater 🇺🇸		
	ˈθɪətə, ˈθɪətər		
	their ðeə		ihr/ihre

them

	them ðem		sie, ihnen
	then ðen		dann
	there ðeə		da, dort
	thermometer θəˈmɒmɪtə	das	Thermometer
	these ðiːz		diese, die
	they ðeɪ		sie
	thick θɪk		dick, breit
	thief – thieves θiːf – θiːvz	der	Dieb – die Diebe
	thin θɪn		dünn
	thing θɪŋ	das	Ding, die Sache
to	**think – thought – thought** θɪŋk – θɔːt – θɔːt		denken
	third θɜːd		dritte, der/die/das Dritte
	thirsty ˈθɜːstɪ		durstig
	thirteen θɜːˈtiːn		dreizehn
	thirty ˈθɜːtɪ		dreißig
	this ðɪs		dieser/diese/dieses, der/die/das
	those ðəʊz		diese, die
	thought		→ to think
	thousand ˈθaʊznd		tausend
	three θriː		drei
	threw		→ to throw
	throat θrəʊt	der	Hals, die Kehle
	sore throat	die	Halsschmerzen
	through θruː		durch
to	**throw – threw – thrown** θrəʊ – θruː – θrəʊn		werfen
	thumb θʌm	der	Daumen
	thunder ˈθʌndə	der	Donner
	thunderstorm ˈθʌndəstɔːm	das	Gewitter
	Thursday ˈθɜːzdeɪ	der	Donnerstag
	ticket ˈtɪkɪt	die	Fahrkarte, das Ticket
to	**tickle** ˈtɪkl		kitzeln
	tidy ˈtaɪdɪ		ordentlich
to	**tidy up** taɪdɪ ˈʌp		aufräumen
	tiger ˈtaɪgə	der	Tiger

took

thief

tights taɪts		die	Strumpfhose
till tɪl			bis
time taɪm		die	Zeit
times taɪmz			mal
three times			dreimal
timetable 'taɪmteɪbl		der	Stundenplan
tiny 'taɪnɪ			winzig
tip tɪp		die	Spitze, der Tipp, das Trinkgeld
tired 'taɪəd			müde
tissue 'tɪʃuː		das	Papiertaschentuch
to tə			zu, nach
today tə'deɪ			heute
toe təʊ		der	Zeh
together tə'geðə			zusammen
toilet 'tɔɪlɪt		die	Toilette, das Klo
toilet paper 'tɔɪlət 'peɪpə		das	Klopapier, das Toilettenpapier
token 'təʊkn		das	Zeichen, die Marke
told			→ to tell
tomato tə'mɑːtəʊ		die	Tomate
tomorrow tə'mɒrəʊ			morgen
tongue tʌŋ		die	Zunge
tonight tə'naɪt			heute Abend
too tuː			zu, auch
too much			zu viel
I like cats, too.			Ich mag auch Katzen.
took			→ to take

tool

tool tuːl	das	Werkzeug
tooth – teeth tuːθ – tiːθ	der	Zahn – die Zähne
toothbrush ˈtuːθbrəʃ	die	Zahnbürste
toothpaste ˈtuːθpeɪst	die	Zahnpasta
top tɒp	die	Spitze
tore – torn	→	to tear
tortoise ˈtɔːrtəs	die	Schildkröte
to **touch** tʌtʃ		berühren, anfassen
tour tʊə	die	Tour, die (Rund-)Reise
tourist ˈtʊərɪst	der	Tourist, die Touristin
toward, towards təˈwɔːd, təˈwɔːdz		auf ... zu, in Richtung
towel ˈtaʊəl	das	Handtuch
tower ˈtaʊə	der	Turm
town taʊn	die	Stadt
town hall 🇬🇧 taʊn ˈhɔːl	das	Rathaus
toy tɔɪ	das	Spielzeug
tractor ˈtræktə	der	Traktor
traffic ˈtræfɪk	der	Verkehr
traffic jam ˈtræfɪk dʒæm	der	Stau
traffic lights ˈtræfɪk laɪts	die	Ampel
train treɪn	der	Zug
to **train** treɪn		trainieren, ausbilden
train set ˈtreɪn set	die	Modelleisenbahn
trainer ˈtreɪnə	der	Trainer, die Trainerin
trainers 🇬🇧 ˈtreɪnəz	die	Turnschuhe
tram træm	die	Straßenbahn
to **translate** trænsˈleɪt		übersetzen
transport ˈtrænspɔːt	der	Transport
to **transport** trænˈspɔːt		transportieren, befördern

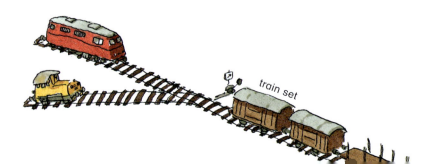

train set

tyre

	trash træʃ	der	Müll
to	**travel** ˈtrævl		reisen
	treasure ˈtreʒə	der	Schatz
	tree triː	der	Baum
	triangle ˈtraɪæŋgl	das	Dreieck
	trick trɪk	der	Trick, der Bluff
	trip trɪp	die	Reise, der Ausflug
	trolley ˈtrɒlɪ	der	Einkaufswagen
	trouble ˈtrʌbl	der	Ärger
	trousers ˈtraʊzəz	die	Hose
	truck trʌk	der	Lastwagen
	true truː		wahr
	trumpet ˈtrʌmpɪt	die	Trompete
to	**trumpet** ˈtrʌmpɪt		trompeten
to	**trust** trʌst		vertrauen
	truth truːθ	die	Wahrheit
to	**try** traɪ		versuchen
to	**try on** traɪ ˈɒn		anprobieren
	T-Shirt ˈtiːʃɜːt	das	T-Shirt
	Tuesday ˈtjuːzdeɪ	der	Dienstag
	tummy ˈtʌmɪ	der	Bauch, das Bäuchlein
	tunnel ˈtʌnl	der	Tunnel
	turkey ˈtɜːkɪ	der	Truthahn
	turn tɜːn	die	Reihenfolge, die Drehung
	It's your turn.		Du bist dran.
to	**turn** tɜːn		drehen, wenden, abbiegen
to	**turn on** tɜːn ˈɒn		anschalten, anmachen
	TV (television) tiːˈviː	der	Fernseher
	twelve twelv		zwölf
	twenty ˈtwentɪ		zwanzig
	twice twaɪs		zweimal
to	**twinkle** ˈtwɪŋkl		blinzeln, funkeln
	twins twɪnz	die	Zwillinge
	two tuː		zwei
to	**type** taɪp		tippen (Computer)
	tyre ˈtaɪə	der	Reifen

umbrella ʌmˈbrelə	der Regenschirm
uncle ˈʌŋkl	der Onkel
under ˈʌndə	unter
underground 🇬🇧 ˈʌndəgraʊnd	die U-Bahn
to **underline** ʌndəˈlaɪn	unterstreichen
underpants 🇬🇧 ˈʌndəpænts	die Unterhose
undershirt 🇺🇸 ˈʌndərʃɜːrt	das Unterhemd
to **understand – understood – understood** ʌndəˈstænd – ʌndəˈstʊd – ʌndəˈstʊd	verstehen
underwear ˈʌndəweə	die Unterwäsche
to **undress** ʌnˈdres	sich ausziehen
uniform ˈjuːnɪfɔːm	die Uniform
unit ˈjuːnɪt	die Lektion, die Einheit
United Kingdom, UK juːnaɪtɪd ˈkɪŋdəm, juːˈkeɪ	das Vereinigte Königreich
United States of America, USA juːnaɪtɪd steɪts əv əˈmerɪkə, juːesˈeɪ	die Vereinigten Staaten von Amerika, die USA
university juːnɪˈvɜːsɪti	die Universität
untidy ʌnˈtaɪdɪ	unordentlich, ungepflegt
until ənˈtɪl	bis
up ʌp	nach oben, aufwärts, hinauf
upset ʌpˈset	verärgert, aufgebracht
upside down ʌpsaɪd ˈdaʊn	verkehrt herum
upstairs ʌpˈsteəz	oben, nach oben
us ʌs	uns

wake up

to **use** juːz	benutzen, nutzen
useful ˈjuːsfl	nützlich
usually ˈjuːʒʊəlɪ	normalerweise

vacation veɪˈkeɪʃn	der Urlaub, die Schulferien
vacuum cleaner ˈvækjʊəm ˈkliːnə	der Staubsauger
vampire ˈvæmpaɪə(r)	der Vampir
vegetable ˈvedʒɪtəbl	das Gemüse
vehicle ˈviːɪkl	das Fahrzeug
very ˈverɪ	sehr
vest  vest	das Unterhemd
vet vet	der Tierarzt, die Tierärztin
village ˈvɪlɪdʒ	das Dorf
vinegar ˈvɪnɪgə	der Essig
violin vaɪəˈlɪn	die Geige
to **visit** ˈvɪzɪt	besuchen
visitor ˈvɪzətə(r)	der Besucher, die Besucherin
voice vɔɪs	die Stimme
volleyball ˈvɒlɪbɔːl	der Volleyball
volume ˈvɒljuːm	die Lautstärke

to **wait** weɪt	warten
waiter ˈweɪtə	der Kellner,
waitress ˈweɪtrɪs	die Kellnerin
to **wake – woke – woken** weɪk – wəʊk – ˈwəʊkn	wecken
to **wake up** weɪk ˈʌp	aufwachen

walk

to **walk** wɔːk	laufen, gehen
walkman ˈwɔːkmən	der Walkman
wall wɔːl	die Wand, die Mauer
wallpaper ˈwɔːlpeɪpə	die Tapete
to **want** wɒnt	wollen
wardrobe 🇬🇧 ˈwɔːdrəʊb	der Kleiderschrank
warm wɔːm	warm
was	→ to be
I was, he/she/it was	ich war, er/sie/es war
to **wash** wɒʃ	waschen
to **wash up (the dishes)** tə ˈwɒʃ ˈʌp (ðə ˈdɪʃəz)	(das Geschirr) abspülen
washbasin ˈwɒʃbeɪsn	das Waschbecken
washing machine ˈwɒʃɪŋ məʃiːn	die Waschmaschine
wastebasket 🇺🇸 ˈweɪstbæskɪt	der Papierkorb
waste-paper basket 🇬🇧 weɪst ˈpeɪpə bɑːskɪt	der Papierkorb
watch wɒtʃ	die (Armband-)Uhr
to **watch** wɒtʃ	sich ansehen, achten auf
to **watch TV** wɒtʃ tiːˈviː	fernsehen
water ˈwɔːtə	das Wasser
to **water** ˈwɔːtə	gießen
wave weɪv	die Welle
to **wave** weɪv	winken
way weɪ	der Weg
WC (water closet) dʌbljuːˈsiː	das WC, die Toilette, das Klo
we wiː	wir
to **wear – wore – worn** weə – wɔː – wɔːn	anhaben, tragen (Kleidung)
weather ˈweðə	das Wetter
web web	das Netz
Web page ˈweb peɪdʒ	die Webseite, HTML-Seite
wedding ˈwedɪŋ	die Hochzeit
Wednesday ˈwenzdeɪ	der Mittwoch

wide

week wiːk	die	Woche
weekend wiːkˈend	das	Wochenende
weight weɪt	das	Gewicht
welcome ˈwelkəm		willkommen
well – better – best wel – ˈbetə – best		gut – besser – am besten
well-known welˈnəʊn		bekannt, vertraut
went		→ to go
were		→ to be
you were, we were, they were		du warst/ihr wart, wir waren, sie waren
west west	der	Westen
wet wet		nass
whale weɪl	der	Wal
what wɒt		was
wheel wiːl	das	Rad
when wen		wann, wenn, als
where weə		wo
which wɪtʃ		welcher/welche/welches, der/die/das
to **whisper** ˈwɪspə		flüstern
to **whistle** ˈwɪsl		pfeifen
white waɪt		weiß
who huː		wer, der/die/das
whole həʊl		ganz
whose huːz		wessen, deren/dessen
why waɪ		warum
wide waɪd		weit, breit

wet

wife

	wife – wives waɪf – waɪvz	die	Ehefrau – die Ehefrauen
	wild waɪld		wild
	will – would wɪl – wʊd		werden, wollen
to	**win – won – won** wɪn – wʌn – wʌn		gewinnen
	wind wɪnd	der	Wind
	window ˈwɪndəʊ	das	Fenster
	windy ˈwɪndɪ		windig
	wine waɪn	der	Wein
	winner ˈwɪnə	der	Gewinner, die Gewinnerin
	winter ˈwɪntə	der	Winter
	wish wɪʃ	der	Wunsch
to	**wish** wɪʃ		wünschen
	witch wɪtʃ	die	Hexe
	with wɪð		mit
	without wɪˈðaʊt		ohne
	wives		→ wife
	wizard ˈwɪzəd	der	Zauberer
	woke – woken		→ to wake
	wolf – wolves wʊlf – wʊlvz	der	Wolf – die Wölfe
	woman – women ˈwʊmən – ˈwɪmɪn	die	Frau – die Frauen
	won		→ to win
	wonderful ˈwʌndəfl		wunderbar
	wood wʊd	der	Wald, das Holz
	word wɜːd	das	Wort
	wore		→ to wear
	work wɜːk	die	Arbeit
to	**work** wɜːk		arbeiten
	world wɜːld	die	Welt
	World Wide Web wɜːld waɪd ˈweb	das	World Wide Web
	worm wɜːm	der	Wurm
	worn		→ to wear
to	**worry** ˈwʌrɪ		sich Sorgen machen
	worse – worst		→ bad
	would		→ will

zoo

would like to wʊd laɪk tə	möchte
to **wrap** ræp	einpacken, verpacken
to **write – wrote – written**	schreiben
raɪt – rəʊt – ˈrɪtn	
wrong rɒŋ	falsch
wrote	→ to write

to **yawn** jɔːn	gähnen
year jɪə	das Jahr
five years old	fünf Jahre alt
yellow ˈjeləʊ	gelb
yes jes	ja
yesterday ˈjestədeɪ	gestern
yoghurt ˈjɒgət	der (oder das) Joghurt
you ˈjuː	du, ihr, Sie
young jʌŋ	jung
your jɔː	dein/deine, euer/eure, Ihr/Ihre

to **zap** zæp	zappen
zebra ˈzebrə	das Zebra
zebra crossing 🇬🇧	der Zebrastreifen
zebrə ˈkrɒsɪŋ	
zero ˈzɪərəʊ	die Null
zip 🇬🇧, **zipper** 🇺🇸	der Reißverschluss
zɪp, ˈzɪpər	
zoo zuː	der Zoo

85

der	**Abend**	evening ˈiːvnɪŋ
	heute Abend	tonight
das	**Abendbrot**	supper ˈsʌpə
das	**Abendessen**	dinner ˈdɪnə
	abends (Uhrzeit)	p.m. piːˈem
	20 Uhr	8 p.m.
	aber	but bʌt
die	**Abfahrt,** die **Abreise**	departure dɪˈpɑːtʃə
	absagen	to cancel ˈkænsl
	abschließen	to lock lɒk
	acht	eight eɪt
	achte,	eighth eɪtθ
	der/die/das **Achte**	
	achtzehn	eighteen eɪˈtiːn
	achtzig	eighty ˈeɪtɪ
	addieren	to add æd
die	**Adresse**	address əˈdres
der	**Affe**	monkey, ape ˈmʌŋkɪ, eɪp
	Afrika	Africa ˈæfrɪkə
	alle	all, everybody, everyone ɔːl, ˈevrɪbədɪ, ˈevrɪwʌn
	allein	alone əˈləʊn
	alles	all, everything ɔːl, ˈevrɪθɪŋ
das	**Alphabet**	alphabet ˈælfəbet
	als	when, than wen, ðæn
	als ich jung war	when I was young
	größer als	bigger than
	also	so səʊ
	alt	old əʊld
das	**Alter**	age eɪdʒ
die	**Ameise**	ant ænt

anziehen

	Amerika	America əˈmerɪkə
	amerikanisch	American əˈmerɪkən
die	**Ampel**	traffic lights ˈtræfɪk laɪts
	an	at, by, on, in æt, baɪ, ɒn, ɪn
	an der Bushaltestelle	at the bus stop
	am Fluss	by the river
	am Telefon	on the phone
	am Abend	in the evening
die	**Ananas**	pineapple ˈpaɪnæpl
	anderer/andere/anderes	other ˈʌðə
der	**Anfang**	beginning, start bɪˈgɪnɪŋ, stɑːt
	anfangen	to begin – began – begun, to start bɪˈgɪn – bɪˈgæn – bɪˈgʌn, stɑːt
	anfassen	to touch tʌtʃ
	angeln	to fish fɪʃ
die	**Angst**	fear fɪər
	Angst haben (vor)	to be afraid (of) əˈfreɪd (ɒf)
	Angst machen	to frighten, to scare ˈfraɪtn, skeə
	anhaben	to wear – wore – worn weə – wɔː – wɔːn
	anhalten	to stop stɒp
	ankommen	to arrive əˈraɪv
	anmalen	to colour ˈkʌlə
	anprobieren	to try on traɪ ˈɒn
	anrufen	to call, to phone, to ring – rang – rung kɔːl, fəʊn, rɪŋ – ræŋ – rʌŋ
	anschalten	to turn on tɜːn ˈɒn
	anschnallen	to fasten one's seat belt ˈfɑːsn wʌnz ˈsiːt belt
	ansehen	to look at lʊk ət
sich	**ansehen**	to watch wɒtʃ
die	**Antwort**	answer ˈɑːnsə
	antworten	to answer ˈɑːnsə
	anziehen	to put on pʊt ˈɒn → to put

anziehen

sich	**anziehen**		to get dressed get drest → to get
	anzünden		to light – lit – lit laɪt – lɪt – lɪt
der	**Apfel**		apple 'æpl
die	**Apfelsine**		orange 'ɒrɪndʒ
die	**Aprikose**		apricot 'eɪprɪkɒt
der	**April**		April 'eɪprəl
das	**Aquarium**		aquarium ə'kweərɪəm
die	**Arbeit**		work, job wɜːk, dʒɒb
	arbeiten		to work wɜːk
der	**Ärger**		trouble 'trʌbl
	arm		poor pʊə
der	**Arm**		arm ɑːm
das	**Armband**		bracelet 'breɪslət
die	**Armbanduhr**		watch wɒtʃ
der	**Arzt,** die **Ärztin**		doctor, doc 'dɒktə, dɒk
	Asien		Asia 'eɪʃə
der	**Astronaut,** die **Astronautin**		astronaut 'æstrənɔːt
	atmen		to breathe briːð
	au, aua		ouch aʊtʃ
	auch		also, too 'ɔːlsəʊ, tuː

Ich habe auch einen Hund. — I've also got a dog.

Ich mag auch Katzen. — I like cats, too.

	auf		on ɒn
	auf ... zu		toward, towards tə'wɔːd, tə'wɔːdz

auf jemanden zu rennen — to run towards somebody

	aufbauen		to set up set 'ʌp → to set
die	**Aufgabe**		task tɑːsk
	aufhängen		to hang up hæŋ 'ʌp → to hang
	aufhören		to finish, to stop 'fɪnɪʃ, stɒp
der	**Aufkleber**		sticker 'stɪkə
	aufmachen		to open 'əʊpn

ausradieren

	aufpassen	to take care teɪk keə → to take
	aufräumen	to tidy up taɪdɪ ˈʌp
	aufregend	exciting ɪkˈsaɪtɪŋ
	aufstehen	to get up get ˈʌp → to get, to stand up (vom Sitzplatz) stænd ˈʌp → to stand
	aufwachen	to wake up weɪk ˈʌp → to wake
	auf Wiedersehen	goodbye gʊdˈbaɪ
der	**Aufzug**	lift lɪft
das	**Auge**	eye aɪ
der	**Augenblick**	moment ˈməʊmənt
der	**August**	August ˈɔːgəst
	aus	from, out of frɒm, aʊt əv
	aus England kommen	to come from England
	aus dem Zimmer gehen	to go out of the room
der	**Ausflug**	trip trɪp
der	**Ausgang**	exit ˈeksɪt
	ausgeben	to spend – spent – spent spend – spent – spent
	ausgezeichnet	excellent ˈeksələnt
das	**Ausland**	foreign countries ˈfɒrɪn kʌntrɪs
	ausradieren	to rub out rʌb ˈaʊt

aquarium

ausruhen

	ausruhen	to rest rest
	ausrutschen	to slip slɪp
	aussehen	to look lʊk
	außer	except ɪk'sept
	aussteigen	to get off get 'ɒf
	Australien	Australia ɒ'streɪlɪə
	auswählen	to choose – chose – chosen tʃuːz – tʃəʊz – 'tʃəʊzn
	ausziehen	to take off (Kleidung) teɪk ɒf → to take
sich	ausziehen	get undressed get ʌn'drest → to get
das	Auto	car kɑː
	(ein) Auto fahren	to drive
die	Autobahn	motorway 'məʊtəweɪ

das	Baby	baby 'beɪbɪ
das	Babysitting	babysitting 'beɪbɪsɪtɪŋ
die	Backe	cheek tʃiːk
	backen	to bake beɪk
der	Bäcker,	baker 'beɪkə
die	Bäckerin	
der	Backofen	oven 'ʌvn
der	Badeanzug	swimsuit, swimming/bathing costume 'swɪmsuːt, 'swɪmɪŋ/'beɪðɪŋ kɒstjuːm
die	Badehose	swimming trunks 'swɪmɪŋ trʌŋks

Beginn

	baden	to	take a bath teɪk ə bɑːθ
			→ to take
die	**Badewanne**		bath ˈbɑːθ
das	**Badezimmer**		bathroom ˈbɑːθruːm
die	**Bahn**		train treɪn
	Bahn fahren		to go by train
der	**Bahnhof**		station, railway station ˈsteɪʃn, ˈreɪlweɪ steɪʃn
	bald		soon suːn
der	**Balkon**		balcony ˈbælkənɪ
der	**Ball**		ball bɔːl
die	**Banane**		banana bəˈnɑːnə
die	**Band**		band, group bænd, gruːp
die	**Bank**		bank (Geldinstitut), bench (Sitzgelegenheit) bæŋk, bentʃ
der	**Bär**		bear beə
der	**Bart**		beard bɪəd
der	**Baseball**		baseball ˈbeɪsbɔːl
der	**Basketball**		basketball ˈbɑːskɪtbɔːl
der	**Bauch**, das **Bäuchlein**		tummy ˈtʌmɪ
	bauen	to	build – built – built bɪld – bɪlt – bɪlt
der	**Bauer,**		farmer ˈfɑːmə
die	**Bäuerin**		
der	**Bauernhof**		farm fɑːm
der	**Baum**		tree triː
der	**Becher**		mug mʌg
	bedecken	to	cover ˈkʌvə
	bedeuten	to	mean – meant – meant miːn – ment – ment
sich	**beeilen**	to	hurry, to rush ˈhʌrɪ, rʌʃ
	beenden	to	finish ˈfɪnɪʃ
	befehlen	to	order ˈɔːdə
	befestigen	to	fix fɪks
die	**Begegnung**		meeting ˈmiːtɪŋ
der	**Beginn**		start, beginning stɑːt, bɪˈgɪnɪŋ

beginnen

	beginnen	to begin – began – begun, to start bɪˈgɪn – bɪˈgæn – bɪˈgʌn, stɑːt
	begrüßen	to welcome ˈwelkəm
	behalten	to keep – kept – kept kiːp – kept – kept
	behindert	handicapped, disabled ˈhændɪkæpt, dɪˈseɪbld
	bei	at æt
	beide	both bəʊθ
das	**Bein**	leg leg
das	**Beispiel**	example ɪgˈzɑːmpl
	beißen	to bite – bit – bitten baɪt – bɪt – ˈbɪtn
	bekommen	to get – got – got get – gɒt – gɒt
	Belgien	Belgium ˈbeldʒəm
	bellen	to bark bɑːk
	benutzen	to use juːz
das	**Benzin**	petrol ˈpetrl
	bequem	comfortable ˈkʌmfətəbl
der	**Berg**	mountain ˈmaʊntɪn
	bereit	ready ˈredɪ
der	**Beruf**	profession prəˈfeʃn
sich	**beruhigen**	to calm down kɑːm daʊn
	berühmt	famous ˈfeɪməs
	berühren	to touch tʌtʃ

to welcome

blau

	beschäftigt	busy 'bɪzɪ
der	**Besen**	broom bruːm
	besitzen	to own əʊn
	besonderer/	special 'speʃl
	besondere/	
	besonderes	
	besonders	especially ɪ'speʃəlɪ
	besprechen	to discuss dɪ'skʌs
	bestellen	to order 'ɔːdə
	besuchen	to visit 'vɪzɪt
der	**Besucher,**	visitor
die	**Besucherin**	'vɪzətə(r)
das	**Bett**	bed bed
	bevor	before bɪ'fɔː
	bewegen	to move muːv
	bezahlen	to pay – paid – paid
		peɪ – peɪd – peɪd
die	**Biene**	bee biː
der	**Bikini**	bikini bɪ'kiːnɪ
das	**Bild**	picture 'pɪktʃə
der	**Bildschirm**	screen, monitor skriːn, 'mɒnɪtə
	billig	cheap tʃiːp
	bin	am æm → to be
	ich bin	I am (I'm)
die	**Birne**	pear peə
	bis	till, until tɪl, ən'tɪl
ein	**bisschen**	a bit, a little bit ə bɪt, ə 'lɪtl bɪt
	bist	are ɑː → to be
	du bist	you are (you're)
	bitte	please pliːz
	bitter	bitter 'bɪtə
die	**Blase**	bubble 'bʌbl
	blasen	to blow – blew – blown
		bləʊ – bluː – bləʊn
das	**Blatt – die Blätter**	leaf – leaves (Pflanze), sheet (Papier) liːf – liːvz, ʃiːt
	blau	blue bluː

bleiben

	bleiben	to stay steɪ
der	Bleistift	pencil ˈpensɪl
	blind	blind blaɪnd
der	Blitz	lightning ˈlaɪtnɪŋ
die	Blockflöte	recorder rɪˈkɔːdə
der	Blumenkohl	cauliflower ˈkɒləflaʊə
die	Blume	flower flaʊə
die	Bluse	blouse blaʊz
das	Blut	blood blʌd
der	Boden	ground (Erdboden), floor (Fußboden), bottom (Boden in einem Gefäß) graʊnd, flɔː, ˈbɒtəm
die	Bohne	bean biːn
das	Boot	boat bəʊt
	böse	angry ˈæŋgrɪ
	Bosnien und Herzegowina	Bosnia-Herzegovina bɒznɪəhɜːtsəgəˈviːnə
der	Boss	boss bɒs
das	Bowling	bowling ˈbəʊlɪŋ
	boxen	to box bɒks
	braten	to roast (im Backofen), to fry (in der Pfanne) rəʊst, fraɪ
	brauchen	to need niːd
	braun	brown braʊn
	brechen, zerbrechen	to break – broke – broken breɪk – brəʊk – ˈbrəʊkn
	breit	wide waɪd
	brennen	to burn – burnt – burnt bɜːn – bɜːnt – bɜːnt
das	Brett	board bɔːd
der	Brief	letter letə
der	Briefkasten	postbox ˈpəʊstbɒks
die	Briefmarke	stamp stæmp
der	Briefträger – die Briefträger	postman – postmen ˈpəʊstmən – ˈpəʊstmən

Büro

die	**Briefträgerin –**	postwoman – postwomen
	die Briefträgerinnen	ˈpəʊstwʊmən – ˈpəʊstwɪmɪn
der	**Briefumschlag**	envelope ˈenvələʊp
die	**Brille**	glasses ˈglɑːsɪz
	bringen	to bring – brought – brought
		brɪŋ – brɔːt – brɔːt
	britisch	British ˈbrɪtɪʃ
das	**Brot**	bread bred
das	**Brötchen**	roll rəʊl
die	**Brücke**	bridge brɪdʒ
der	**Bruder**	brother ˈbrʌðə
	brüllen	to roar rɔː
der	**Brunnen**	fountain ˈfaʊntən
die	**Brust**	chest tʃest
das	**Buch**	book bʊk
die	**Bücherei**	library ˈlaɪbrərɪ
das	**Bücherregal**	bookshelf ˈbʊkʃelf
der	**Buchstabe**	letter letə
	buchstabieren	to spell – spelt – spelt
		spel – spelt – spelt
	bunt	colourful ˈkʌləfl
der	**Buntstift**	coloured pencil ˈkʌləd ˈpensɪl
die	**Burg**	castle ˈkɑːsl
der	**Bürgersteig**	pavement ˈpeɪvmənt
das	**Büro**	office ˈɒfɪs

Bürste

die	**Bürste**		brush brʌʃ
	bürsten	to	brush brʌʃ
der	**Bus**		bus bʌs
	den Bus nehmen		to take the bus → to take
der	**Busch**		bush bʊʃ
der	**Busfahrer,**		busdriver
die	**Busfahrerin**		'bʌs 'draɪvə
die	**Bushaltestelle**		bus stop 'bʌs stɒp
die	**Butter**		butter 'bʌtə

	campen	to	camp kæmp
der	**Cartoon**		cartoon kɑː'tuːn
die	**CD-ROM**		CD-ROM siːdiː'rɒm
der	**Cent**		cent sent
die	**Chance**		chance tʃɑːns
die	**Charts**		charts tʃɑːts
der	**Chat**		chat tʃæt
	chatten	to	chat tʃæt
der	**Chef,**		boss bɒs
die	**Chefin**		
die	**Chips**		crisps krɪsps
der	**Clown**		clown klaʊn
das	**Cockpit**		cockpit 'kɒkpɪt
der	**Code**		code kəʊd
der	**Comic, das Comicheft**		comic 'kɒmɪk
der	**Computer**		computer kəm'pjuːtə
das	**Computerspiel**		computer game kəm'pjuːtə 'geɪm
der	**Container**		container kən'teɪnə

denken

die	**Cornflakes**	cornflakes ˈkɔːnfleɪks
der (oder das)	**Countdown**	countdown ˈkaʊntdaʊn
der	**Cousin,**	cousin ˈkʌzn
die	**Cousine**	
der	**Cowboy**	cowboy ˈkaʊbɔɪ
der	**Cursor**	cursor ˈkɜːsə

	da		there ðeə
das	**Dach**		roof ruːf
der	**Dachboden**		attic ˈætɪk
	Dänemark		Denmark ˈdenmaːk
	Danke!, Danke schön!		Thank you!, Thanks! ˈθæŋk juː, θæŋks
	danken	to	thank θæŋk
	dann		then ðen
	das		the ðə
	dass		that ðæt
die	**Datei**		data file ˈdeɪtə ˈfaɪl
das	**Datum**		date deɪt
der	**Daumen**		thumb θʌm
die	**Decke**		blanket, cover (zum Zudecken), ceiling (Zimmerdecke) ˈblæŋkɪt, ˈkʌvə, ˈsiːlɪŋ
der	**Deckel**		cover, cap ˈkʌvə, kæp
	dein/deine		your jɔː
	dekorieren	to	decorate ˈdekəreɪt
der	**Delfin**		dolphin ˈdɒlfɪn
	denken	to	think – thought – thought θɪŋk – θɔːt – θɔːt

99

der

	der	the ðə
der	**Detektiv,**	detective dɪˈtektɪv
die	**Detektivin**	
	deutsch	German ˈdʒɜːmən
	Deutschland	Germany ˈdʒɜːmənɪ
der	**Dezember**	December dɪˈsembə
	dich	you ˈjuː
	dick	fat, thick fæt, θɪk
	die	the ðə
der	**Dieb – die Diebe**	thief – thieves θiːf – θiːvz
der	**Dienstag**	Tuesday ˈtjuːzdeɪ
	dieser/diese/dieses	this, that ðɪs, ðæt
	diese	these, those ðiːz, ðəʊz
das	**Ding**	thing θɪŋ
der	**Dinosaurier**	dinosaur ˈdaɪnəsɔː
	dir	you ˈjuː
die	**Disco**	disco ˈdɪskəʊ
die	**Diskette**	disk dɪsk
die	**Diskussion**	discussion dɪˈskʌʃən
	diskutieren	to discuss dɪˈskʌs
	dividieren	to divide dɪˈvaɪd
der	**DJ**	DJ (disc jockey) diːˈdʒeɪ

jungle

DVD

der	**Dollar**	dollar	'dɒlə
der	**Donner**	thunder	'θʌndə
der	**Donnerstag**	Thursday	'θɜːzdeɪ
der	**Donut**	doughnut	'dəʊnʌt
	doppelt	double	'dʌbl
das	**Dorf**	village	'vɪlɪdʒ
	dort	there	ðeə
die	**Dose**	can	kæn
der	**Drache**	dragon	'drægn
der	**Drachen**	kite	kaɪt
	draußen	outside	aʊt'saɪd
	drehen	to turn	tɜːn
	drei	three	θriː
das	**Dreieck**	triangle	'traɪæŋgl
	dreißig	thirty	'θɜːtɪ
	dreizehn	thirteen	θɜː'tiːn
	drinnen	inside	ɪn'saɪd
	dritte, der/die/das **Dritte**	third	θɜːd
	drucken	to print	prɪnt
	drücken	to press	pres
der	**Drucker**	printer	'prɪntə
der	**Dschungel**	jungle	'dʒʌŋgl
	du	you	'juː
	duften	to smell – smelt – smelt	smel – smelt – smelt
	dumm	stupid, silly	'stjuːpɪd, 'sɪlɪ
	dunkel	dark	dɑːk
	dünn	thin	θɪn
	durch	through	θruː
	dürfen	may – might	meɪ – maɪt
	Durst haben	to be thirsty	bɪ 'θɜːstɪ
	durstig	thirsty	'θɜːstɪ
die	**Dusche**	shower	'ʃaʊə
	duschen	to take a shower → to take	teɪk ə 'ʃaʊə
die	**DVD**	DVD (digital video disc)	diːviːˈdiː

die	**Ecke**	corner	ˈkɔːnə
das	**Ei**	egg	eg
die	**Eidechse**	lizard	ˈlɪzəd
das	**Eichhörnchen**	squirrel	ˈskwɪrl
	eigener/eigene/eigenes	own	əʊn
der	**Eimer**	bucket	ˈbʌkɪt
	ein/eine	a, an	ə, ən
	eine Banane	a banana	
	eine Apfelsine	(vor Vokal:) an orange	
	ein anderer/eine andere/ein anderes	another	əˈnʌðə
	einfach	simple, easy	ˈsɪmpl, ˈiːzɪ
der	**Eingang**	entrance	ˈentrəns
	einige	some, several	sʌm, ˈsevrl
	einkaufen	to shop	ʃɒp
	einkaufen gehen	to go shopping	gəʊ ˈʃɒpɪŋ → to go
	einladen	to invite	ɪnˈvaɪt
die	**Einkaufstasche**	shopping bag	ˈʃɒpɪŋ bæg
die	**Einladung**	invitation	ɪnvɪˈteɪʃn
	einmal	once	wʌns
	es war einmal	once there was	
	ein paar	a few	ə fjuː
	eins	one	wʌn
	einsam	lonely	ˈləʊnlɪ
	einverstanden sein	to agree	əˈgriː
das	**Eis**	ice, ice cream (Eiscreme)	aɪs, aɪs ˈkriːm
der	**Eisbär**	polar bear	pəʊlə ˈbeə
die	**Eisenbahn**	railway	ˈreɪlweɪ
das	**Eishockey**	ice hockey	ˈaɪs hɒkɪ

Erkältung

	eisig	icy	'aɪsɪ
der	Elefant	elephant	'elɪfənt
	elektrisch	electric	ɪ'lektrɪk
	elf	eleven	ɪ'levn
der	Ellenbogen	elbow	'elbəʊ
die	Eltern	parents	'peərənts
die (oder das)	E-Mail	e-mail	'iːmeɪl
das	Ende	end	end
	enden	to end	end
	eng	narrow, tight (Kleidung) 'nærəʊ, taɪt	
der	Engel	angel	'eɪndʒl
	England	England	'ɪŋglənd
	englisch	English	'ɪŋglɪʃ
der	Enkel	grandson	'grænsʌn
die	Enkelin	granddaughter	'grændɔːtə
das	Enkelkind – die Enkelkinder	grandchild – grandchildren 'græntʃaɪld – 'græntʃɪldrən	
	entdecken	to discover	dɪ'skʌvə
die	Ente	duck	dʌk
die	Entfernung	distance	'dɪstəns
	entscheiden	to decide	dɪ'saɪd
	entschuldigen	to excuse	ɪk'skjuːz
	Entschuldigung!	Sorry! Excuse me! 'sɒrɪ, ɪk'skjuːz miː	
sich	entspannen	to relax	rɪ'læks
	er	he, it	hiː, ɪt
die	Erbse	pea	piː
die	Erdbeere	strawberry	'strɔːbərɪ
die	Erde	earth	ɜːθ
das	Erdgeschoss	ground floor graʊnd 'flɔː	
die	Erdnuss	peanut	'piːnʌt
das	Ergebnis	result	rɪ'zʌlt
sich	erinnern an	to remember	rɪ'membə
die	Erinnerung	memory	'memərɪ
die	Erkältung	cold	kəʊld

erklären

	erklären	to explain ɪkˈspleɪn
	erlauben	to allow əˈlaʊ
	ernst	serious ˈsɪərɪəs
	erreichen	to reach riːtʃ
	erschrecken	to frighten ˈfraɪtn
	erstaunlich	amazing əˈmeɪzɪŋ
	erste, der/die/das **Erste**	first fɜːst
die	**Erste Hilfe**	first aid fɜːst ˈeɪd
der	**Erwachsene,**	adult, grown-up
die	**Erwachsene**	ˈædʌlt, ˈgrəʊnʌp
	erzählen	to tell – told – told tel – təʊld – təʊld
	es	it ɪt
der	**Esel**	donkey ˈdɒŋkɪ
	essen	to eat – ate – eaten iːt – eɪt – ˈiːtn
das	**Essen**	food (Lebensmittel), meal (Mahlzeit) fuːd, miːl
der	**Essig**	vinegar ˈvɪnɪgə
das	**Esszimmer**	dining room ˈdaɪnɪŋ ruːm
die	**Etage**	floor flɔː
	etwas	some, something sʌm, ˈsʌmθɪŋ
	etwas Mineralwasser	some mineral water
	etwas zu essen	something to eat
	euch	you ˈjuː
	euer/eure	your jɔː
die	**Eule**	owl aʊl
der	**Euro**	euro ˈjʊərəʊ
	Europa	Europe ˈjʊərəp
	europäisch	European jʊərəˈpiːən
das	**Experiment**	experiment ɪkˈsperɪmənt
der	**Experte,**	expert ˈekspɜːt
die	**Expertin**	
	extrem	extreme ɪkˈstriːm

104

die	**Fabrik**	factory 'fæktərɪ
der	**Fabrikarbeiter,**	factory worker 'fæktərɪ wɜːkə
die	**Fabrikarbeiterin**	
das	**Fach**	subject 'sʌbdʒɪkt
der	**Fachmann,**	expert 'ekspɜːt
die	**Fachfrau**	
die	**Fahne**	flag flæg
	fahren	to go – went – gone, to ride – rode – ridden, to drive – drove – driven gəʊ – went – gɔːn, raɪd – rəʊd – 'rɪdn, draɪv – drəʊv – 'drɪvn
	Bus fahren	to go by bus
	Fahrrad fahren	to ride a bike
	Auto fahren (als Fahrer)	to drive
der	**Fahrer,**	driver 'draɪvə
die	**Fahrerin**	
der	**Fahrgast**	passenger 'pæsɪndʒə
die	**Fahrkarte**	ticket 'tɪkɪt
das	**Fahrrad**	bike, bicycle baɪk, 'baɪsɪkl
	Fahrrad fahren	to cycle, to ride a bike
der	**Fahrstuhl**	lift lɪft
das	**Fahrzeug**	vehicle 'viːɪkl
	fair	fair feə
	fallen	to fall – fell – fallen fɔːl – fel – 'fɔːln
	fallen lassen	to drop drɒp
	falsch	wrong rɒŋ
	falten	to fold fəʊld
die	**Familie**	family 'fæməlɪ
der	**Fan**	fan fæn

fangen

spot

	fangen	to catch – caught – caught kætʃ – kɔːt – kɔːt
die	**Fantasie**	fantasy ˈfæntəzɪ
die	**Farbe**	colour (rot, blau, ...), paint (Flüssigkeit zum Malen und Streichen) ˈkʌlə, peɪnt
die	**Farm**	farm fɑːm
der	**Farmer,**	farmer ˈfɑːmə
die	**Farmerin**	
das	**Fastfood**	fast food fɑːst ˈfuːd
	faul	lazy (nicht fleißig) ˈleɪzɪ
der	**Februar**	February ˈfebrʊərɪ
die	**Feder**	feather ˈfeðə
die	**Fee**	fairy ˈfeərɪ
der	**Fehler**	error, mistake ˈerə, mɪˈsteɪk
	feiern	to celebrate ˈselɪbreɪt
der	**Feiertag**	holiday ˈhɒlɪdeɪ
der	**Feind,**	enemy ˈenəmɪ
die	**Feindin**	
das	**Feld**	field fiːld
das	**Fell**	fur fɜː
der	**Fels,** der **Felsen**	rock rɒk
das	**Fenster**	window ˈwɪndəʊ
die	**Ferien**	holiday ˈhɒlɪdeɪ
	in die Ferien fahren	go on holiday
	fernsehen	to watch TV wɒtʃ tiːˈviː

Flugzeug

der	**Fernseher,**	television, TV ˈtelɪvɪʒn, tiːˈviː
das	**Fernsehen**	
die	**Ferse**	heel hiːl
	fertig	ready ˈredɪ
	fest	hard hɑːd
die	**Festplatte**	hard disk hɑːd ˈdɪsk
	fett	fat fæt
das	**Feuer**	fire ˈfaɪə
das	**Feuerwehrauto**	fire engine ˈfaɪər endʒɪn
die	**Feuerwehrfrau**	firefighter ˈfaɪəfaɪtə
der	**Feuerwehrmann –**	fireman – firemen, firefighter
	die Feuerwehrmänner	ˈfaɪəmən – ˈfaɪəmən, ˈfaɪəfaɪtə
das	**Feuerwerk**	fireworks ˈfaɪəwɜːks
das	**Fieber**	fever ˈfiːvə
der	**Film**	film fɪlm
der	**Filzstift**	felt-tip pen ˈfeltɪp pen
	finden	to find – found – found faɪnd – faʊnd – faʊnd
der	**Finger**	finger ˈfɪŋgə
der	**Fisch – die Fische**	fish – fish fɪʃ – fɪʃ
	fischen	to fish fɪʃ
die	**Flagge**	flag flæg
die	**Flamme**	flame fleɪm
die	**Flasche**	bottle ˈbɒtl
der	**Fleck**	spot spɒt
die	**Fledermaus**	bat bæt
das	**Fleisch**	meat miːt
	fleißig	hard-working ˈhɑːd wɜːkɪŋ
die	**Fliege**	fly flaɪ
	fliegen	to fly – flew – flown flaɪ – fluː – fləʊn
die	**Flöte**	flute, recorder (Blockflöte) fluːt, rɪˈkɔːdə
der	**Flug**	flight flaɪt
der	**Flughafen**	airport eəpɔːt
das	**Flugzeug**	aeroplane, plane ˈeərəpleɪn, pleɪn

Flur

der	**Flur**	hall hɔːl
der	**Fluss**	river ˈrɪvə
	flüstern	to whisper ˈwɪspə
	folgen	to follow ˈfɒləʊ
die	**Form**	shape ʃeɪp
	fort	away əˈweɪ
das	**Foto**	photo ˈfəʊtəʊ
der	**Fotoapparat**	camera ˈkæmərə
das	**Foul**	foul faʊl
die	**Frage**	question ˈkwestʃn
	fragen	to ask ɑːsk
	Frankreich	France frɑːns
	Frau (Anrede)	Miss, Mrs mɪz, ˈmɪsɪz
	Frau Marple	Miss Marple (unverheiratete Frau)
	Frau Wilson	Mrs Wilson (verheiratete Frau)
die	**Frau – die Frauen**	woman – women, wife – wives (Ehefrau) ˈwʊmən – ˈwɪmɪn, waɪf – waɪvz
	frei	free friː
der	**Freitag**	Friday ˈfraɪdeɪ
die	**Freizeit**	free time, leisure time friː taɪm, ˈleʒə taɪm
	fremd	foreign, alien ˈfɒrɪn, ˈeɪlɪən
	fressen	to eat – ate – eaten iːt – eɪt – ˈiːtn
sich	**freuen**	to be happy ˈhæpɪ
der	**Freund**	friend, boyfriend frend, ˈbɔɪfrend
die	**Freundin**	friend, girlfriend frend, ˈgɜːlfrend

to whisper

füttern

	freundlich	friendly, kind 'frendlɪ, kaɪnd
der	**Frieden**	peace piːs
	frieren	to freeze – froze – frozen friːz – frəʊz – 'frəʊzn
	er (oder ihn) friert sehr	he ist freezing, he feels cold 'hiː ɪz 'friːzɪŋ, 'hiː fiːls 'kəʊld
	frisch	fresh freʃ
der	**Friseur,**	hairdresser 'heədresə
die	**Friseurin**	
der	**Frosch**	frog frɒg
die	**Frucht – die Früchte**	fruit – fruit fruːt – fruːt
	früh	early 'ɜːlɪ
der	**Frühling**	spring sprɪŋ
das	**Frühstück**	breakfast 'brekfəst
	frühstücken	to have breakfast hæv 'brekfəst → to have
der	**Fuchs**	fox fɒks
	fühlen	to feel – felt – felt fiːl – felt – felt
	führen	to guide gaɪd
	füllen	to fill fɪl
der	**Füller**	pen pen
	fünf	five faɪv
	fünfte,	fifth fɪfθ
	der/die/das **Fünfte**	
	fünfzehn	fifteen fɪf'tiːn
	fünfzig	fifty 'fɪftɪ
	für	for fə
der	**Fuß – die Füße**	foot – feet fʊt – fiːt
der	**Fußball**	football, soccer (Spiel) 'fʊtbɔːl, 'sɒkə
der	**Fußballlspieler,**	football player 'fʊtbɔːl 'pleɪə
die	**Fußballlspielerin**	
der	**Fußgänger,**	pedestrian pɪ'destrɪən
die	**Fußgängerin**	
das	**Futter**	food fuːd
	füttern	to feed – fed – fed fiːd – fed – fed

die	**Gabel**	fork fɔːk
die	**Gans – die Gänse**	goose – geese guːs – giːs
	ganz	all, whole, quite ɔːl, həʊl, kwaɪt
	den ganzen Tag	all day
	die ganze Familie	the whole family
	ganz nett	quite nice
die	**Garage**	garage ˈgærɑːʒ
der	**Garten**	garden gɑːdn
der	**Gärtner,**	gardener ˈgɑːdnə
die	**Gärtnerin**	
der	**Gast**	guest gest
das	**Gebäude**	building ˈbɪldɪŋ
	geben	to give – gave – given, to pass (anreichen) gɪv – geɪv – ˈgɪvn, pɑːs
der	**Geburtstag**	birthday ˈbɜːθdeɪ
die	**Geburtstagsfeier**	birthday party ˈbɜːθdeɪ ˈpɒrtɪ
das	**Geburtstagsgeschenk**	birthday present ˈbɜːθdeɪ ˈprɛzənt
die	**Geburtstagskarte**	birthday card ˈbɜːθdeɪ kɒrd
das	**Gedächtnis**	memory ˈmemərɪ
das	**Gedicht**	poem ˈpəʊɪm
die	**Gefahr**	danger ˈdeɪndʒə
	gefährlich	dangerous ˈdeɪndʒərəs
	gefallen	to please pliːz
das	**Gefängnis**	prison ˈprɪzn
das	**Gefühl**	feeling ˈfiːlɪŋ
	gegen	against əˈgenst
das	**Gegenteil**	opposite ˈɒpəzɪt
	gegenüber	opposite ˈɒpəzɪt
das	**Geheimnis**	secret ˈsiːkrɪt

110

getrennt

	gehen	to go – went – gone, to walk (zu Fuß gehen) gəʊ – went – gɔːn, wɔːk
	gehören	to belong to bɪˈlɔːŋ ˈtu
die	**Geige**	violin vaɪəˈlɪn
	gelb	yellow ˈjeləʊ
das	**Geld**	money ˈmʌnɪ
die	**Geldbörse**, der **Geldbeutel**	purse pɜːs
das	**Gemüse**	vegetable ˈvedʒɪtəbl
	genau	exact, exactly ɪgˈzækt, ɪgˈzæktlɪ
	genießen	to enjoy ɪnˈdʒɔɪ
	genug	enough ɪˈnʌf
die	**Geografie**	geography dʒɪˈɒgrəfɪ
das	**Gepäck**	luggage ˈlʌgɪdʒ
	gerade	just (in diesem Moment) dʒʌst
	geradeaus	straight on streɪt ɒn
	gerecht	fair feə
das	**Geschäft**	shop ʃɒp
	geschehen	to happen ˈhæpn
das	**Geschenk**	present ˈprezənt
die	**Geschichte**	story (Erzählung), history (Schulfach) ˈstɔːrɪ, ˈhɪstərɪ
	geschieden	divorced dɪˈvɔːst
das	**Geschirr**	dishes ˈdɪʃɪz
die	**Geschirrspülmaschine**	dishwasher ˈdɪʃwɒʃə
	geschlossen	closed kləʊzd
die	**Geschwindigkeit**	speed spiːd
das	**Gesicht**	face feɪs
das	**Gespenst**	ghost gəʊst
	gestern	yesterday ˈjestədeɪ
	gestreift	striped ˈstraɪpt
	gesund	healthy ˈhelθɪ
das	**Getränk**	drink drɪŋk
	getrennt	separate ˈsepərət

gewesen

gewesen	been biːn → to be
das **Gewicht**	weight weɪt
gewinnen	to win – won – won wɪn – wʌn – wʌn
der **Gewinner**, die **Gewinnerin**	winner 'wɪnə
das **Gewitter**	thunderstorm 'θʌndəstɔːm
gießen	to water 'wɔːtə
giftig	poisonous 'pɔɪzənəs
die **Giraffe**	giraffe dʒɪ'rɑːf
die **Gitarre**	guitar gɪ'tɑː
das **Glas**	glass glɑːs
glauben	to believe bɪ'liːv
gleich	equal 'iːkwl
gleich lang	equal in length
der **gleiche**/die **gleiche**/ das **gleiche**	same seɪm
die **Glocke**	bell bel
Glück haben	to be lucky 'lʌkɪ
glücklich	happy 'hæpɪ
das **Gold**	gold gəʊld
der **Goldfisch**	goldfish 'gəʊldfɪʃ
das **Gramm**	gram græm
das **Gras**	grass grɑːs
der **Grashüpfer**	grasshopper 'grɑːshɒpə
gratulieren	to congratulate kən'grætjʊleɪt

Gürtel

to be lucky

	grau	grey greɪ
	Griechenland	Greece griːs
der	Grill, die Grillparty	barbecue ˈbɑːbɪkjuː
	groß	big, great, large, tall bɪg, greɪt, lɑːdʒ, tɔːl
	große Füße	big feet
	eine große (großartige) Party	a great party
	ein großes Stück Kuchen	a large piece of cake
	eine große Frau	a tall woman
	Großbritannien	Great Britain, Britain greɪt ˈbrɪtn, ˈbrɪtn
die	Größe	size saɪz
die	Großeltern	grandparents ˈgrænpeərənts
die	Großmutter	grandmother ˈgrænmʌðə
die	Großstadt	city ˈsɪtɪ
der	Großvater	grandfather ˈgrænfɑːðə
	grün	green griːn
die	Grundschule	primary school ˈpraɪmərɪ skuːl
die	Gruppe	group gruːp
der	Gruß	greeting ˈgriːtɪŋ
	gucken	to look lʊk
die	Gummistiefel	rubber boots ˈrʌbə buːts
die	Gurke	cucumber ˈkjuːkʌmbə
der	Gürtel	belt belt

gut

	gut – besser – am besten	good/well – better – best gʊd/wel – ˈbetə – best
die	**Gymnastik**	gymnastics dʒɪmˈnæstɪks

das	**Haar, die Haare**	hair heə
die	**Haarbürste**	hairbrush ˈheəˌbrʌʃ
	haben	to have – had – had hæv – hæd – hæd
der	**Hafen**	harbour, port ˈhɑːbə, pɔːt
das	**Hähnchen**	chicken ˈtʃɪkɪn
der	**Hai**	shark ʃɑːk
	halb	half hɑːf
die	**Hälfte – die Hälften**	half – halves hɑːf – hɑːvz
die	**Halle**	hall hɔːl
	hallo	hello həˈləʊ
das	**Halloween**	Halloween ˌhæləʊˈiːn
der	**Hals**	neck nek
die	**Halsschmerzen**	sore throat ˈsɔːr θrəʊt
	halten	to hold – held – held həʊld – held – held
die	**Haltestelle**	stop stɒp
der	**Hammer**	hammer ˈhæmə
der	**Hamster**	hamster ˈhæmstə
die	**Hand**	hand hænd
der	**Handschuh**	glove glʌv
die	**Handtasche**	handbag ˈhændbæg
das	**Handtuch**	towel ˈtaʊəl
das	**Handy**	mobile phone, cellphone ˈməʊbaɪl fəʊn, ˈselfəʊn

Himbeere

	hängen	to	hang – hung – hung hæŋ – hʌŋ – hʌŋ
	hart		hard hɑːd
	hassen	to	hate heɪt
	hast		have hæv → to have
	du hast		you have (you've)
	hat		has hæz → to have
	er/sie/es hat		he/she/it has
	hatte, hatten		had → to have
	Haupt-		main meɪn
der	**Haupteingang**		main entrance ˈmeɪn ˈentrəns
die	**Hauptstadt**		capital ˈkæpɪtl
das	**Haus**		house haʊs
die	**Hausaufgaben**		homework ˈhəʊmwɜːk
der	**Hausschuh**		slipper ˈslɪpə
das	**Haustier**		pet pet
die	**Haut**		skin skɪn
	heben	to	lift lɪft
das	**Heft**		exercise book ˈeksəsaɪz bʊk
	heiß		hot hɒt
die	**Heizung**		heating ˈhiːtɪŋ
	helfen	to	help help
	hell		light laɪt
das	**Hemd**		shirt ʃɜːt
die	**Henne**		hen hen
der	**Herbst**		autumn ˈɔːtəm
der	**Herd**		stove stəʊv
	Herr (Anrede)		Mr ˈmɪstə
	Herr Beckham		Mr Beckham
	herunter		down daʊn
	herunterladen	to	download daʊnˈləʊd
das	**Herz**		heart hɑːt
die	**Heuschrecke**		grasshopper ˈgrɑːshɒpə
	heute		today təˈdeɪ
die	**Hexe**		witch wɪtʃ
	hier		here hɪə
die	**Himbeere**		raspberry ˈrɑːzbərɪ

Himmel

der	Himmel	sky	skaɪ
	hinauf	up	ʌp
	hinaus	out	aʊt
	hinein	in	ɪn
	hineingehen	to enter	'entə
sich	hinsetzen	to sit down	sɪt 'daʊn → to sit
	hinten	at the back	æt ðə bæk
	hinter	behind	bɪ'haɪnd
	hinunter	down	daʊn
der	Hirsch – die Hirsche	deer – deer	dɪə – dɪə
die	Hitliste	charts	tʃɑːts
die	Hitze	heat	hiːt
das	Hobby	hobby	'hɒbɪ
	hoch	high	haɪ
die	Hochzeit	wedding	'wedɪŋ
das	Hockey	hockey	'hɒkɪ
der	Hof	court	kɔːt
	hoffen	to hope	həʊp
die	Höhle	cave	kcɪv
	holen	to fetch	fetʃ
das	Holz	wood	wʊd
der	Honig	honey	'hʌnɪ
	hören	to hear – heard – heard hɪə – hɜːd – hɜːd		
die	Hose	trousers	'traʊzəz
das	Hotel	hotel	həʊ'tel
	hübsch	pretty	'prɪtɪ
der	Hubschrauber	helicopter	'helɪkɒptə
der	Hügel	hill	hɪl
das	Huhn, das Hühnchen	hen, chicken	hen, 'tʃɪkɪn
der	Hund	dog	dɒg
die	Hundehütte	dog kennel	dɔːg 'kenl
	hundert	hundred	'hʌndrəd
	hungrig	hungry	'hʌŋgrɪ
	hüpfen	to hop	hɒp
	husten	to cough	kɒf
der	Hut	hat	hæt

	ich	I	aɪ
die	**Idee**	idea	aɪˈdɪə
der	**Igel**	hedgehog	ˈhedʒhɒg
	ihm	him	hɪm
	ihn	him	hɪm
	ihnen	them	ðem
	ihr	you	ˈjuː
	ihr/ihre	her, its, their	hɜː, ɪts, ðeə
	immer	always	ˈɔːlweɪz
	in	in, into, at	ɪn, ˈɪntə, ət
	in meinem Zimmer	in my room	
	ins Haus gehen	to go into the house	
	in der Schule	at school	
der	**Indianer,**	American Indian	
die	**Indianerin**	əˈmerɪkən ˈɪndɪən	
der	**Indianerhäuptling**	Indian chief	ˈɪndɪən ˈtʃiːf
die	**Information**	information	ɪnfəˈmeɪʃn
die	**Inliner,**	in-liners, in-line skates	
	die **Inlineskates**	ɪnˈlaɪnəz, ˈɪnlaɪn skeɪts	
das	**Insekt**	insect	ˈɪnsekt
die	**Insel**	island	ˈaɪlənd
das	**Instrument**	instrument	ˈɪnstrʊmənt
	interessant	interesting	ˈɪntrəstɪŋ
das	**Interesse**	interest	ˈɪntrəst
	interessiert	interested	ˈɪntrəstɪd
	international	international	ɪntəˈnæʃənl
das	**Internet**	Internet	ˈɪntənet
das	**Interview**	interview	ˈɪntəvjuː
	Irak	Iraq	ɪˈrɑːk
	Iran	Iran	ɪˈrɑːn
	irgendein/irgendeine	any	ˈenɪ

irgendwie

	irgendwie	somehow 'sʌmhaʊ
	irgendwo	somewhere 'sʌmweə
	Irland	Ireland 'aɪələnd
	ist	is ɪz → to be
	er/sie/es ist	he/she/it is, he's/she's/it's
	Italien	Italy 'ɪtəlɪ

	ja	yes jes
die	**Jacke**	jacket 'dʒækɪt
das	**Jahr**	year jɪə
	ein halbes Jahr	six months 'sɪks 'mʌnθs
die	**Jahreszeit**	season 'si:zn
der	**Januar**	January 'dʒænjʊərɪ
die	**Jeans**	jeans dʒi:nz
	jeder/jede/jedes	each, every, everybody i:tʃ, 'evrɪ, 'evrɪbədɪ
	jemals	ever 'evə
	jemand	somebody 'sʌmbədɪ
	jetzt	now naʊ
der	**Job**	job dʒɒb
das	(oder der) **Joghurt**	yoghurt 'jɒgət
die	**Johannisbeere**	currant 'kʌrənt
der	**Joystick**	joystick 'dʒɔɪstɪk
das	**Judo**	judo 'dʒu:dəʊ
	Jugoslawien	Yugoslavia ju:gə'sla:vɪə
der	**Juli**	July dʒʊ'laɪ
	jung	young jʌŋ
der	**Junge**	boy bɔɪ
der	**Juni**	June dʒu:n

der	**Käfer**		beetle 'biːtl
der	**Kaffee**		coffee 'kɒfɪ
der	**Käfig**		cage keɪdʒ
der	**Kakao**		drinking chocolate (Trinkschokolade) 'drɪŋkɪŋ tʃɒklət
der	**Kalender**		calendar 'kæləndə
	kalt		cold kəʊld
das	**Kamel**		camel 'kæml
die	**Kamera**		camera 'kæmərə
der	**Kamm**		comb kəʊm
	kämmen	to	comb kəʊm
	kämpfen	to	fight – fought – fought faɪt – fɔːt – fɔːt
	Kanada		Canada 'kænədə
der	**Kanal**		channel 'tʃænl
das	**Känguru**		kangaroo kæŋgə'ruː
das	**Kaninchen**		rabbit 'ræbɪt
der	**Kapitän**		captain 'kæptɪn
die	**Kappe**		cap kæp
	kaputtmachen	to	break – broke – broken breɪk – brəʊk – 'brəʊkn
das	**Karate**		karate kə'rɑːtɪ
die	**Karotte**		carrot 'kærət
die	**Karte**		card, map (Landkarte), menu (Speisekarte) kɑːd, mæp, 'menjuː
die	**Kartoffel**		potato pə'teɪtəʊ
die	**Kartoffelchips**		crisps krɪsps
der	**Käse**		cheese tʃiːz
die	**Katze**		cat kæt

kaufen

	kaufen	to buy – bought – bought baɪ – bɔːt – bɔːt
das	**Kaufhaus**	department store dɪˈpɑːtmənt stɔː
der (oder das)	**Kaugummi**	chewing gum ˈtʃuːɪŋʌm
	kein/keine	no nəʊ
der	**Keks**	biscuit ˈbɪskɪt
der	**Keller,**	cellar ˈselə
der	**Kellner**	waiter ˈweɪtə
die	**Kellnerin**	waitress ˈweɪtrɪs
	kennen	to know – knew – known nəʊ – njuː – nəʊn
die	**Kerze**	candle kændl
der (oder das)	**Ketchup**	ketchup ˈketʃʌp
das	**Keyboard**	keyboard ˈkiːbɔːd
	kicken	to kick kɪk
das	**Kilogramm,** das **Kilo**	kilogram, kilo ˈkɪləgræm, ˈkiːləʊ
der	**Kilometer**	kilometre kɪˈlɒmɪtə
das	**Kind** – die **Kinder**	child – children, kid tʃaɪld – ˈtʃɪldrən, kɪd
der	**Kindergarten**	kindergarten ˈkɪndəgɑːtn
der	**Kinderwagen**	pram, (baby) buggy ˈpræm, (ˈbeɪbi) ˈbʌgɪ
das	**Kinderzimmer**	children's room, nursery ˈtʃɪldrənz ruːm, ˈnɜː(r)s(ə)ri
das	**Kinn**	chin tʃɪn

ketchup

Koffer

das	**Kino**	cinema	'sɪnɪmə
die	**Kirche**	church	tʃɜːtʃ
die	**Kirsche**	cherry	'tʃerɪ
das	**Kissen**	cushion	'kʊʃn
	kitzeln	to tickle	'tɪkl
	klar	clear	klɪə
	klasse	terrific, super	təˈrɪfɪk, 'suːpə
die	**Klasse**	class	klɑːs
die	**Klassenarbeit**	test	test
	klatschen	to clap	klæp
das	**Klavier**	piano	pɪˈænəʊ
	kleben	to stick – stuck – stuck stɪk – stʌk – stʌk	
der	**Klebstoff**	glue	gluː
das	**Kleid**	dress	dres
der	**Kleiderschrank**	wardrobe	'wɔːdrəʊb
die	**Kleidung**	clothes	kləʊðz
	klein – kleiner – am kleinsten	small/little – smaller – smallest smɔːl/'lɪtl – 'smɔːlə – 'smɔːlɪst	
	klettern	to climb	klaɪm
	klingeln	to ring – rang – rung rɪŋ – ræŋ – rʌŋ	
das	**Klo**	toilet, WC	'tɔɪlɪt, dʌbljuːˈsiː
das	**Klopapier**	toilet paper	'tɔɪlɪt 'peɪpə
	klopfen	to knock	nɒk
der	**Klub**	club	klʌb
	klug	clever	'klevə
das	**Knie**	knee	niː
der	**Knochen**	bone	bəʊn
der	**Knopf**	button	'bʌtn
der	**Koch,**	cook	kʊk
die	**Köchin**		
	kochen	to cook, to boil	kʊk, bɔɪl
	ein Essen kochen	to cook a meal	
	Eier kochen	to boil eggs	
der	**Kode**	code	kəʊd
der	**Koffer**	suitcase	'suːtkeɪs

komisch

	komisch	funny	'fʌnɪ
	kommen	to come – came – come	kʌm – keɪm – kʌm
der	**König,**	king, queen	kɪŋ, kwiːn
die	**Königin**		
	können	to be able to 'eɪbl tə → to be, can – could	kæn – kʊd
	kontrollieren	to check	tʃek
das	**Konzert**	concert	'kɒnsət
der	**Kopf**	head	hed
die	**Kopfschmerzen**	headache	'hedeɪk
das	**Kopfkissen**	pillow	'pɪləʊ
die	**Kopie**	copy	'kɒpɪ
	kopieren	to copy	'kɒpɪ
der	**Korb**	basket	'bɑːskɪt
der	**Körper**	body	'bɒdɪ
	korrigieren	to correct	kə'rekt
	kosten	to cost – cost – cost	kɒst – kɒst – kɒst
das	**Kostüm**	costume	'kɒstjuːm
der	**Krach**	noise	nɔɪz
die	**Kraft**	power	paʊə
der	**Kragen**	collar	'kɒlə
	krank	ill, sick	ɪl, sɪk
das	**Krankenhaus**	hospital	'hɒspɪtl
die	**Krankenschwester,**	nurse	nɜːs
der	**Krankenpfleger**		
der	**Krankenwagen**	ambulance	'æmbjʊləns
	kratzen	to scratch	skrætʃ
	kratzig	itchy	'ɪtʃɪ
die	**Kräuter**	herbs	hɜːbz
die	**Kreide**	chalk	tʃɔːk
der	**Kreis**	circle	'sɜːkl
das	**Kreuz**	cross	krɒs
die	**Kreuzung**	crossing	'krɒsɪŋ
das	**Kricket**	cricket	'krɪkɪt
	kriechen	to crawl	krɔːl

Küste

to copy

das	**Krokodil**	crocodile ˈkrɒkədaɪl
die	**Krone**	crown kraʊn
die	**Küche**	kitchen ˈkɪtʃɪn
der	**Kuchen**	cake keɪk
der	**Kugelschreiber**	ballpoint (pen) ˈbɔːlpɔɪnt
die	**Kuh**	cow kaʊ
	kühl	cool, chilly kuːl, ˈtʃɪlɪ
der	**Kühlschrank**	fridge, refrigerator frɪdʒ, rɪˈfrɪdʒəreɪtə
der	**Kuli**	ballpoint (pen) ˈbɔːlpɔɪnt
die	**Kunst**	art ɒrt
der	**Künstler,**	**artist** ˈɒrtɪst
die	**Künstlerin**	
	künstlich	artificial ˈɑrtəˈfɪʃl
der	**Kürbis**	pumpkin ˈpʌmpkɪn
die	**Kurve**	curve kɜːv
	kurz	short ʃɔːt
der	**Kuss**	kiss kɪs
	küssen	to kiss kɪs
die	**Küste**	coast, seaside kəʊst, ˈsiːsaɪd

	lächeln	to smile smaɪl
	lachen	to laugh lɑːf
	laden	to load ləʊd
der	**Laden**	shop ʃɒp
das	**Lamm**	lamb læm
die	**Lampe**	lamp læmp
das	**Land**	country ˈkʌntrɪ
die	**Landkarte**	map mæp
	lang	long lɒŋ
	langsam	slow sləʊ
	langweilig	boring ˈbɔːrɪŋ
der	**Laptop**	laptop ˈlæptɒp
	lassen	to let – let – let, to leave – left – left (zurücklassen)
		let – let – let, liːv – left – left
der	**Lastwagen**	lorry ˈlɒrɪ
	laufen	to run – ran – run (rennen), to go – went – gone (gehen)
		rʌn – ræn – rʌn, gəʊ – went – gɒn
	laut	loud, noisy laʊd, ˈnɔɪzɪ
die	**Lautstärke**	volume ˈvɒljuːm
	leben	to live lɪv
das	**Leben – die Leben**	life – lives laɪf – laɪvz
das	**Lebensmittel**	food fuːd
	lecker	delicious dɪˈlɪʃəs
	leer	empty ˈemptɪ
	legen	to put – put – put, to set – set – set
		pʊt – pʊt – pʊt, set – set – set
der	**Lehrer,**	teacher ˈtiːtʃə
die	**Lehrerin**	

Lutscher

	leicht	easy, simple (einfach), light (Gewicht) 'iːzɪ, 'sɪmpl, laɪt
	leise	quiet 'kwaɪət
die	**Leiter**	ladder 'lædə
	lernen	to learn lɜːn
	lesen	to read – read – read riːd – red – red
	letzter/letzte/letztes	last laːst
die	**Leute**	people 'piːpl
das	**Licht**	light laɪt
	lieb	kind, dear (im Brief) kaɪnd, dɪə
	Lieber David, ...	Dear David, ...
die	**Liebe**	love lʌv
	lieben	to love lʌv
der	**Liebling**	darling 'daːlɪŋ
	Lieblings-	favourite 'feɪvərɪt
	mein Lieblingsbuch	my favourite book
das	**Lied**	song sɒŋ
	liegen	to lie – lay – lain laɪ – leɪ – leɪn
	lila	purple 'pɜːpl
die	**Limonade**	lemonade lemə'neɪd
das	**Lineal**	ruler 'ruːlə
die	**Linie**	line laɪn
	links	left left
die	**Lippe**	lip lɪp
der	**Lippenstift**	lipstick 'lɪpstɪk
der	**Liter**	litre 'liːtə
das	**Loch**	hole həʊl
der	**Löffel**	spoon spuːn
die	**Lokomotive,** die **Lok**	locomotive, loco ləʊkə'məʊtɪv, 'ləʊkəʊ]
der	**Löwe**	lion 'laɪən
die	**Luft**	air eə
der	**Luftballon**	balloon bə'luːn
	lügen	to lie laɪ
	lustig	funny 'fʌni
der	**Lutscher**	lollipop 'lɒlɪpɒp

	machen	to	make – made – made
			meɪk – meɪd – meɪd
die	**Macht**		power paʊə
das	**Mädchen**		girl gɜːl
der	**Magen**		stomach ˈstʌmək
die	**Mahlzeit**		meal miːl
der	**Mai**		May meɪ
der	**Mais**		corn kɔːn
	mal		times taɪmz
	dreimal		three times
	malen	to	paint peɪnt
die	**Mama**, die **Mami**		mum, mummy
			mʌm, ˈmʌmɪ
	manchmal		sometimes ˈsʌmtaɪmz
der	**Mann – die Männer**		man – men, husband (Ehemann)
			mæn – men, ˈhʌzbənd
der	**Mantel**		coat kəʊt
das	**Mäppchen**		pencil case ˈpensɪl keɪs
die	**Mappe**		folder ˈfəʊldə
das	**Märchen**		fairy tale ˈfeərɪ teɪl
der	**Marienkäfer**		ladybird ˈleɪdɪbɜːd
der	**Markt**		market ˈmɑːkɪt
die	**Marmelade**		jam dʒæm
der	**März**		March mɑːtʃ
die	**Maschine**		machine məˈʃiːn
das	**Match**		match mætʃ
die	**Mathematik**, die **Mathe**		mathematics, maths mæθɪˈmætɪks, mæθs
die	**Mauer**		wall wɔːl
der	**Maulwurf**		mole məʊl

möchte

die	**Maus – die Mäuse**	mouse – mice maʊs – maɪs
das	**Medikament**	medicine ˈmedsən
das	**Meer**	ocean, sea ˈəʊʃn, siː
das	**Meerschweinchen**	guinea pig ˈgɪnɪ pɪg
	mehrere	several ˈsevrl
die	**Meile**	mile maɪl
	mein/meine	my maɪ
	meinen	to think – thought – thought θɪŋk – θɔːt – θɔːt
	meiner/meine/meins	mine maɪn
die	**Meinung**	opinion əˈpɪnjən
die	**Melone**	melon ˈmelən
die	**Menschen**	people ˈpiːpl
das	**Messer – die Messer**	knife – knives naɪf – naɪvz
der	**Meter**	metre ˈmiːtə
der	**Metzger,**	butcher ˈbʊtʃə
die	**Metzgerin**	
	mich	me miː
	mieten	to rent rent
die	**Milch**	milk mɪlk
der	**Millimeter**	millimetre ˈmɪlɪmiːtə
die	**Million**	million ˈmɪljən
das	**Mineralwasser**	mineral water ˈmɪnərəl ˈwɔːtə
die	**Minute**	minute ˈmɪnɪt
	mir	me miː
	mischen	to mix mɪks
	mit	with wɪð
der	**Mittag**	noon nuːn
das	**Mittagessen**	lunch lʌnʃ
die	**Mitte**	centre, middle ˈsentə, ˈmɪdl
die	**Mitternacht**	midnight ˈmɪdnaɪt
der	**Mittwoch**	Wednesday ˈwenzdeɪ
die	**Möbel**	furniture ˈfɜːnɪtʃə
das	**Mobiltelefon**	mobile phone, cellphone məʊbaɪl ˈfəʊn, ˈselfəʊn
	möchte	would like to wʊd laɪk tə
	ich möchte	I would like to (I'd like to)

Mode

die	**Mode**	fashion 'fæʃn
die	**Modelleisenbahn**	train set 'treɪn set
	modern	modern 'mɒdn
	mögen	to like, to love laɪk, lʌv
	möglich	possible 'pɒsɪbl
die	**Möhre,** die **Karotte**	carrot 'kærət
der	**Moment**	moment 'məʊmənt
der	**Monat**	month mʌnθ
der	**Mond**	moon muːn
das	**Monster**	monster 'mɒnstə
der	**Montag**	Monday 'mʌndeɪ
	morgen	tomorrow tə'mɒrəʊ
	morgens (Uhrzeit)	a.m. eɪ'em
	9 Uhr	9 a.m.
der	**Morgen**	morning 'mɔːnɪŋ
der	**Motor**	engine, motor 'endʒɪn, 'məʊtə
das	**Motorrad**	motorcycle, motorbike 'məʊtəsaɪkl, 'məʊtəbaɪk
das	**Mountainbike**	mountain bike 'maʊntɪn baɪk
die	**Möwe**	seagull 'siːgʌl
der	**MP3-Player**	MP3 player 'ɛmpiːˈθriː 'pleɪə
	müde	tired 'taɪəd
der	**Muffin**	muffin 'mʌfɪn
der	**Müll**	rubbish 'rʌbɪʃ
die	**Mülltonne**	dustbin 'dʌstbɪn
	multiplizieren	to multiply 'mʌltɪplaɪ
der	**Mund**	mouth maʊθ
die	**Münze**	coin kɔɪn
das	**Murmeltier**	marmot 'maːmət
die	**Muschel**	shell ʃel
das	**Museum**	museum mjuːˈziːəm
die	**Musik**	music 'mjuːzɪk
	müssen	must/have to – had to mʌst/hæv tə – hæd tə
die	**Mutter**	mother 'mʌðə
die	**Mütze**	cap kæp

	nach	after, to ˈɑːftə, tə
	nach der Schule	after school
	nach London fahren	to go to London
der	**Nachbar,**	neighbour ˈneɪbə
die	**Nachbarin**	
	nachdem	after ˈɑːftə
der	**Nachmittag**	afternoon ɑːftəˈnuːn
	nachmittags (Uhrzeit)	p.m. piːˈem
	14 Uhr	2 p.m.
	nach oben	up, upstairs ʌp, ʌpˈsteəz
	nach oben klettern	to climb up
	nach oben gehen (im Haus)	to go upstairs
die	**Nachricht**	message ˈmesɪdʒ
die	**Nachrichten**	news (Radio, Fernsehen) njuːz
	nachschlagen, nachschauen	to look up lʊk ˈʌp
	nächster/nächste/ nächstes	next nekst
die	**Nacht**	night naɪt
der	**Nachtisch**	dessert dɪˈzɜːt
	nach unten	down, downstairs daʊn, daʊnˈsteəz
	nach unten klettern	to climb down
	nach unten gehen (im Haus)	to go downstairs
	nackt	naked ˈneɪkɪd
der	**Nagel**	nail neɪl
	nahe	near, close nɪə, kləʊs
in der	**Nähe**	near nɪə

Name

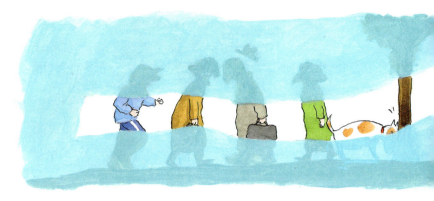

der **Name**		name neɪm
die **Nase**		nose nəʊz
das **Nashorn**		rhinoceros raɪˈnɒsərəs
nass		wet wet
die **Natur**		nature ˈneɪtʃə
natürlich		of course (selbstverständlich) əv ˈkɔːs
der **Nebel**		fog fɒg
neben		beside, next to bɪˈsaɪd, nekst tə
neblig		foggy ˈfɒgɪ
nehmen	to	take – took – taken teɪk – tʊk – ˈteɪkn
den Bus **nehmen**		to take the bus
nein		no nəʊ
nennen	to	call kɔːl
nervös		nervous ˈnɜːvəs
das **Nest**		nest nest
nett		nice naɪs
neu		new njuː
das **Neujahr**		New Year njuː ˈjɪə
neun		nine naɪn
neunte, der/die/das **Neunte**		ninth naɪnθ
neunzehn		nineteen naɪnˈtiːn
neunzig		ninety ˈnaɪntɪ

130

nützlich

fog

	Neuseeland	New Zealand njuː ˈziːlənd
	nicht	not nɒt
	nichts	nothing ˈnʌθɪŋ
	nie	never ˈnevə
die	**Niederlande**	Netherlands ˈneðələndz
	niedrig	low ləʊ
	niemals	never ˈnevə
	niemand	nobody, no one ˈnəʊbədɪ, ˈnəʊ wʌn
	niesen	to sneeze sniːz
das	**Nilpferd**	hippo, hippopotamus ˈhɪpəʊ, hɪpəˈpɒtəməs
	nirgends	nowhere ˈnəʊweə
	noch	still stɪl
	noch einer/noch eine/ noch eins	another
der	**Norden**	north nɔːθ
	normalerweise	usually ˈjuːʒʊəlɪ
der	**Notfall**	emergency ɪˈmɜːdʒənsɪ
der	**November**	November nəˈvembə
die	**Nudel**	noodle ˈnuːdl
die	**Null**	zero ˈzɪərəʊ
die	**Nummer**	number ˈnʌmbə
	nur	only ˈəʊnlɪ
die	**Nuss**	nut nʌt
	nützlich	useful ˈjuːsfl

	oben		upstairs (im Haus), at the top (an der Spitze) ʌpˈsteəz, æt ðə tɒp
	oberhalb		above əˈbʌv
das	**Obst**		fruit fruːt
	oder		or ɔː
	offen		open ˈəʊpn
	öffnen	to	open ˈəʊpn
	oft		often ˈɒfn
	ohne		without wɪˈðaʊt
das	**Ohr**		ear ɪə
	okay, in Ordnung		OK, okay əʊˈkeɪ
der	**Oktober**		October ɒkˈtəʊbə
das	**Öl**		oil ɔɪl
die	**Oma**		grandma ˈgrænmaː
der	**Onkel**		uncle ˈʌŋkl
der	**Opa**		grandpa ˈgrænpaː
	orange		orange ˈɒrɪndʒ
die	**Orange**		orange ˈɒrɪndʒ
der	**Orangensaft**		orange juice ˈɒrɪndʒ ˈdʒuːs
das	**Orchester**		orchestra ˈɔːkɪstrə
der	**Ordner**		folder ˈfəʊldə
der	**Ort**		place pleɪs
der	**Osten**		east iːst
das	**Osterei**		Easter egg ˈiːstə(r) ˈeg
der	**Osterhase**		Easter bunny ˈiːstə(r) ˈbʌnɪ
das	**Ostern**		Easter ˈiːstə
	Österreich		Austria ˈɒstrɪə
	österreichisch		Austrian ˈɒstrɪən
der	**Ozean**		ocean ˈəʊʃn

ein	**paar**		a few, some ə fjuː, sʌm
das	**Paar**		pair (zwei), couple (zwei Menschen) peə, kʌpl
	packen	to	pack pæk
das	**Paket**		parcel ˈpɑːsl
der	**Papa,** der **Papi**		dad, daddy dæd, ˈdædɪ
der	**Papagei**		parrot ˈpærət
das	**Papier**		paper ˈpeɪpə
	ein Blatt Papier		a sheet of paper
der	**Papierkorb**		waste-paper basket weɪst ˈpeɪpə bɑːskɪt
das	**Papiertaschentuch**		tissue ˈtɪʃuː
die	**Paprika**		pepper ˈpepə
der	**Park**		park pɑːk
	parken	to	park pɑːk
der	**Parkplatz**		car park ˈkɑː pɑːk
der	**Partner,** die **Partnerin**		partner ˈpɑːtnə
die	**Party**		party ˈpɑːtɪ
der	**Pass**		passport ˈpɑːspɔːt
der	**Passagier**		passenger ˈpæsɪndʒə
	passen	to	fit fɪt
	passieren	to	happen ˈhæpn
die	**Pause**		break, rest breɪk, rest
der	**PC**		PC (personal computer) piːˈsiː
der	**Pence**		pence pens
die	**Person**		person ˈpɜːsn
der	**Pfad**		path pɑːθ
die	**Pfanne**		pan pæn
der	**Pfannkuchen**		pancake ˈpænkeɪk
der	**Pfeffer**		pepper ˈpepə

pfeifen

	pfeifen	to whistle 'wɪsl
der	Pfeil	arrow, dart (Wurfpfeil) 'ærəʊ, dɑːt
das	Pferd	horse hɔːs
der	Pfirsich	peach piːtʃ
die	Pflanze	plant plɑːnt
	pflanzen	to plant plɑːnt
das	Pflaster	plaster 'plɑːstə
die	Pflaume	plum plʌm
	pflücken	to pick pɪk
das	Pfund	pound paʊnd
die	Pfütze	puddle 'pʌdəl
das	Picknick	picnic 'pɪknɪk
das	Piercing	piercing 'pɪəsɪŋ
der	Pilot	pilot 'paɪlət
der	Pilz	mushroom 'mʌʃrʊm
der	Pinguin	penguin 'peŋgwɪn
	pink	pink pɪŋk
der	Pinsel	brush brʌʃ
der	Pirat	pirate 'paɪrət
die	Pizza	pizza 'piːtsə
das	Plakat	poster 'pəʊstə
der	Plan	plan plæn
der	Planet	planet 'plænɪt
die	Plastiktüte	plastic bag 'plæstɪk bæg
der	Platz	seat (Sitzplatz), square (in einer Stadt) siːt, skweə
	plötzlich	suddenly 'sʌdnlɪ
der	Po	bottom 'bɒtəm
der	Pokal	cup kʌp
	Polen	Poland 'pəʊlənd
die	Polizei	police pə'liːs
der	Polizist – die Polizisten	policeman – policemen pə'liːsmən – pə'liːsmən
die	Polizistin – die Polizistinnen	policewoman – policewomen pə'liːswʊmən – pə'liːswɪmɪn

Puzzle

princess

die	**Pommes frites**	chips tʃɪps
das	**Pony**	pony ˈpəʊnɪ
das	**Popcorn**	popcorn ˈpɒpkɔːn
das	**Portemonnaie**	purse pɜːs
	Portugal	Portugal ˈpɔːtjʊgl
die	**Post**	post pəʊst
das	**Postamt**	post office ˈpəʊst ɒfɪs
das	**Poster**	poster ˈpəʊstə
die	**Postkarte**	postcard ˈpəʊstkaːd
der	**Preis**	price (Geld), prize (Spielgewinn) praɪs, praɪz
der	**Prinz**	prince prɪns
die	**Prinzessin**	princess ˈprɪnses
das	**Problem**	problem ˈprɒbləm
das	**Programm**	programme (TV), program (Computer) ˈprəʊgræm
die	**Prüfung**	examination, exam ɪgzæmɪˈneɪʃn, ɪgˈzæm
der	**Pudding**	pudding ˈpʊdɪŋ
der	**Pullover**	jumper, sweater, pullover ˈdʒʌmpə, ˈswetə, ˈpʊləʊvə
das	**Pult**	desk desk
der	**Punkt**	point pɔɪnt
die	**Puppe**	doll dɒl
	putzen	to clean kliːn
das	**Puzzle**	jigsaw puzzle ˈdʒɪgsɔː pʌzl

das	**Quadrat**	square skweə
	quadratisch	square skweə
das	**Quiz**	quiz kwɪz

das	**Rad**	wheel, bike (Fahrrad) wiːl, baɪk
der	**Radiergummi**	rubber 'rʌbə
das	**Radio**	radio 'reɪdɪəʊ
die	**Rakete**	rocket 'rɒkɪt
die	**Ranch**	ranch rɑːntʃ
der	**Rand**	edge edʒ
der	**Ranzen**	schoolbag 'skuːlbæg
	rasieren	to shave ʃeɪv
	raten	to guess ges
das	**Rathaus**	town hall taʊn 'hɔːl
das	**Rätsel**	puzzle 'pʌzl
die	**Ratte**	rat ræt
der	**Rauch**	smoke sməʊk
der	**Raum**	space, room speɪs, ruːm
die	**Raumfähre**	space shuttle 'speɪs ʃʌtl
	rechnen	to calculate 'kælkjʊleɪt
das	**Rechteck**	rectangle 'rektæŋgl
	rechts	right raɪt
das	**Regal – die Regale**	shelf – shelves ʃelf – ʃelvz
die	**Regel**	rule ruːl
der	**Regen**	rain reɪn
der	**Regenbogen**	rainbow 'reɪnbəʊ
der	**Regenmantel**	raincoat 'reɪnkəʊt
der	**Regenschauer**	shower 'ʃaʊə
der	**Regenschirm**	umbrella ʌm'brelə

136

Rollerskate

	regnen	to rain	reɪn
	reich	rich	rɪtʃ
	reif	ripe	raɪp
der	**Reifen**	tyre	ˈtaɪə
die	**Reihe**	row	rəʊ
	Du bist an der Reihe.	It's your turn.	
der	**Reim**	rhyme	raɪm
	rein	clear, pure	klɪə, pjʊə
der	**Reis**	rice	raɪs
die	**Reise**	journey, tour	ˈdʒɜːnɪ, tʊə
	reisen	to travel	ˈtrævl
der	**Reisepass**	passport	ˈpɑːspɔːt
der	**Reißverschluss**	zip	zɪp
	reiten	to ride – rode – ridden	raɪd – rəʊd – ˈrɪdn
	rennen	to run – ran – run	rʌn – ræn – rʌn
das	**Rennen**	race	reɪs
das	**Rentier**	reindeer	ˈreɪndɪə
	reparieren	to repair	rɪˈpeə
der	**Rest**	rest	rest
das	**Restaurant**	restaurant	ˈrestərɒnt
	retten	to rescue, to save	ˈreskjuː, seɪv
	richtig	right	raɪt
die	**Richtung**	direction	dɪˈrekʃn
	in Richtung	toward, towards	
	riechen	to smell – smelt – smelt	smel – smelt – smelt
das	**Rindfleisch**	beef	biːf
der	**Ring**	ring	rɪŋ
der	**Ritter**	knight	naɪt
die	**Robbe**	seal	siːl
der	**Roboter**	robot	ˈrəʊbɒt
der	**Rock**	skirt	skɜːt
	rollen	to roll	rəʊl
der	**Roller**	scooter	ˈskuːtə
der	**Rollerskate,** der **Rollschuh**	roller skate	ˈrəʊlə skeɪt

Rolltreppe

die	**Rolltreppe**	escalator	ˈeskəleɪtə
	rosa	pink	pɪŋk
die	**Rose**	rose	rəʊz
	rot	red	red
die	**Route**	route	ruːt
die	**Routine**	routine	ruːˈtiːn
der	**Rücken**	back	bæk
der	**Rucksack**	rucksack	ˈrʌksæk
der	**Rücksitz**	backseat	bækˈsiːt
	rückwärts	backwards	ˈbækwədz
	rufen	to call	kɔːl
das	**Rugby**	rugby	ˈrʌgbɪ
	ruhig	quiet	ˈkwaɪət
	Rumänien	Romania	rəʊˈmcɪnɪə
	rund	round	raʊnd
die	**Runde**	round	raʊnd
die	**Rushhour**	rush hour	ˈrʌʃ aʊə
	Russland	Russia	ˈrʌʃə
	rutschen	to slide	slaɪd

die	**Sache**	thing	θɪŋ
der	**Saft**	juice	dʒuːs
	sagen	to say – said – said, to tell – told – told	seɪ – sed – sed, tel – təʊld – təʊld
die	**Sahne**	cream	kriːm
der	**Salat**	lettuce (Kopfsalat), salad (zubereitet)	ˈletɪs, ˈsæləd
das	**Salz**	salt	sɔːlt

Schinken

	salzig		salty 'sɔːltɪ
	sammeln	to	collect kə'lekt
der	Samstag		Saturday 'sætədeɪ
der	Sand		sand sænd
die	Sandale		sandal 'sændl
der	Sandkasten		sandpit 'sændpɪt
das	Sandwich		sandwich 'sænwɪdʒ
der	Sattel		saddle 'sædl
	sauber		clean kliːn
	sauer		sour (Geschmack) 'saʊə
die	Schachtel		box bɒks
das	Schaf – die Schafe		sheep – sheep ʃiːp – ʃiːp
der	Schal – die Schals		scarf – scarves skɑːf – skɑːvz
	schälen	to	peel piːl
der	Schalter		switch swɪtʃ
	scharf		sharp, hot (Gewürz) ʃɑːp, hɒt
der	Schatten		shadow 'ʃædəʊ
der	Schatz		treasure 'treʒə
	schauen	to	look lʊk
	schauerlich		horrifying, terrible 'hɔːrəfaɪɪŋ, 'terəbəl
die	Schaukel		swing swɪŋ
	schaukeln	to	rock rɒk
	scheinen	to	shine – shone – shone (leuchten), to seem (wirken) ʃaɪn – ʃɒn – ʃɒn, siːm
die	Schere		scissors 'sɪzəz
der	Scherz		joke dʒəʊk
die	Scheune		barn bɑːn
	schicken	to	send – sent – sent send – sent – sent
	schießen	to	shoot – shot – shot ʃuːt – ʃɒt – ʃɒt
das	Schiff		ship ʃɪp
das	Schild		sign saɪn
die	Schildkröte		turtle 'tɜːtəl
der	Schinken		ham hæm

Schlafanzug

der	**Schlafanzug**	pyjamas pɪˈdʒɑːməz
	schlafen	to sleep – slept – slept sliːp – slept – slept
	schlafen gehen	to go to bed
das	**Schlafzimmer**	bedroom ˈbedruːm
	schlagen	to hit – hit – hit, to strike – struck – struck hɪt – hɪt – hɪt, straɪk – strʌk – strʌk
die	**Schlange**	snake (Tier), queue (Reihe) sneɪk, kjuː
	schlecht – schlechter – am schlechtesten	bad – worse – worst bæd – wɜːs – wɜːst
	schließen	to close, to shut – shut – shut kləʊz, ʃʌt – ʃʌt – ʃʌt
der	**Schlitten**	sledge sledʒ
der	**Schlittschuh**	ice skate, skate ˈaɪs skeɪt, skeɪt
das	**Schloss**	castle (Burg) ˈkɑːsl
	schlucken	to swallow ˈswɒləʊ
der	**Schlüssel**	key kiː
	schmal	small, thin smɔːl, θɪn
	schmecken	to taste teɪst
der	**Schmerz**	ache, pain eɪk, peɪn
der	**Schmetterling**	butterfly ˈbʌtəflaɪ
der	**Schmuck**	jewellery ˈdʒuːəlrɪ
	schmücken	to decorate ˈdekəreɪt
	schmutzig	dirty ˈdɜːtɪ
die	**Schnecke**	snail sneɪl

Schulheft

dirty

der	**Schnee**	snow snəʊ
der	**Schneeball**	snowball ˈsnəʊbɔːl
	schneiden	to cut – cut – cut kʌt – kʌt – kʌt
	schneien	to snow snəʊ
	schnell	fast, quick fɑːst, kwɪk
die	**Schnur**	string strɪŋ
die	**Schokolade**	chocolate ˈtʃɒklət
	schon	already ɔːlˈredɪ
	schön	beautiful, nice ˈbjuːtɪfl, naɪs
der	**Schornstein**	chimney ˈtʃɪmnɪ
	Schottland	Scotland ˈskɒtlənd
der	**Schrank**	cupboard ˈkʌbəd
	schrecklich	terrible ˈterɪbl
	schreiben	to write – wrote – written raɪt – rəʊt – ˈrɪtn
der	**Schreibtisch**	desk desk
	schreien	to scream, to shout skriːm, ʃaʊt
der	**Schritt**	step step
die	**Schublade**	drawer drɔː
	schubsen	to push pʊʃ
	schüchtern	shy ʃaɪ
der	**Schuh**	shoe ʃuː
die	**Schule**	school skuːl
der	**Schüler,**	pupil ˈpjuːpɪl
die	**Schülerin**	
die	**Schulferien**	holidays ˈhɒlɪdeɪz
das	**Schulheft**	exercise book ˈeksəsaɪz bʊk

Schulhof

der	**Schulhof**	playground	'pleɪgraʊnd
die	**Schultasche**	schoolbag	'skuːlbæg
die	**Schulter**	shoulder	'ʃəʊldə
die	**Schüssel**	bowl, dish	bəʊl, dɪʃ
	schütten	to pour	pɔː
der	**Schwamm**	sponge	spʌndʒ
der	**Schwanz**	tail	teɪl
	schwarz	black	blæk
das	**Schwein**	pig	pɪg
das	**Schweinefleisch**	pork	pɔːk
die	**Schweiz**	Switzerland	'swɪtsələnd
	schweizerisch	Swiss	swɪs
	schwer	difficult (schwierig), heavy (Gewicht)	'dɪfɪkəlt, 'hevɪ
die	**Schwester**	sister	'sɪstə
	schwierig	difficult	'dɪfɪkəlt
das	**Schwimmbad**	swimming pool	'swɪmɪŋ puːl
	schwimmen	to swim – swam – swum	swɪm – swæm – swʌm
	schwitzen	to sweat	swet
die	**Science-Fiction**	science fiction	saɪəns 'fɪkʃn
	sechs	six	sɪks
	sechste, der/die/das **Sechste**	sixth	sɪksθ
	sechzehn	sixteen	sɪks'tiːn
	sechzig	sixty	'sɪkstɪ
der	**See**	lake	leɪk
	segeln	to sail	seɪl
	sehen	to see – saw – seen, to look	siː – sɔː – siːn, lʊk
die	**Sehenswürdigkeit**	sight	saɪt
	sehr	very	'verɪ
	seid	are	ɑː → to be
	ihr seid	you are (you're)	
die	**Seife**	soap	səʊp
das	**Seil**	rope	rəʊp
das	**Seilspringen**	skipping	'skɪpɪŋ

Sicherheit

	sein	to be – was/were – been biː – wɒz/wɜː – biːn
	sein/seine	his, its hɪz, ɪts
	seit	since sɪns
die	**Seite**	side, page (Buch) saɪd, peɪdʒ
der	**Sekretär,**	secretary ˈsekrətərɪ
die	**Sekretärin**	
die	**Sekunde**	second ˈsekənd
	seltsam	strange streɪndʒ
	senden	to send – sent – sent send – sent – sent
der	**September**	September sepˈtembə
der	**Service**	service ˈsɜːvɪs
	servieren	to serve sɜːv
die	**Serviette**	serviette sɜːvɪˈet
der	**Sessel**	armchair ˈɑːmtʃeə
das	**Shampoo**	shampoo ʃæmˈpuː
die	**Shorts**	shorts ʃɔːts
die	**Show**	show ʃəʊ
	sicher	safe (außer Gefahr), certain (bestimmt), sure (gewiss) seɪf, ˈsɜːtn, ʃʊə
die	**Sicherheit**	safety ˈseɪftɪ

safety

143

Sicherheitsgurt

der	**Sicherheitsgurt**	seat belt	ˈsiːt belt
	sie	she, it, they	ʃiː, ɪt, ðeɪ
	sieben	seven	ˈsevn
	siebte, der/die/das **Siebte**	seventh	ˈsevnθ
	siebzehn	seventeen	sevnˈtiːn
	siebzig	seventy	ˈsevntɪ
der	**Sieger,** die **Siegerin**	winner	ˈwɪnə
das	**Signal**	signal	ˈsɪgnl
das	**Silber, silbern**	silver	ˈsɪlvə
das	**Silvester**	New Year's Eve	njuː jɪəz ˈiːv
	sind	are	ɑː → to be
	wir sind, sie sind	we are (we're), they are (they're)	
	singen	to sing – sang – sung	sɪŋ – sæŋ – sʌŋ
der	**Sinn**	sense	sens
der	**Sitz**	seat	siːt
	sitzen	to sit – sat – sat	sɪt – sæt – sæt
das	**Skateboard**	skateboard	ˈskeɪtbɔːd
der	**Ski**	ski	skiː
das	**Smartphone**	smartphone	ˈsmɑːrtfəʊn
das	**Snowboard**	snowboard	ˈsnəʊbɔːd
	so	so	səʊ
	so ... wie	as ... as	æz ... æz
	so groß wie ein Elefant	as tall as an elephant	
die	**Socke**	sock	sɒk
das	**Sofa**	sofa	ˈsəʊfə
die	**Software**	software	ˈsɒftweə
	sogar	even	ˈiːvn
der	**Sohn**	son	sʌn
	solch	such	sʌtʃ
	sollen	shall – should	ʃæl – ʃʊd
der	**Sommer**	summer	ˈsʌmə
	sondern	but	bʌt
der	**Sonnabend**	Saturday	ˈsætədeɪ
die	**Sonne**	sun	sʌn

Spiel

souvenir

die	**Sonnenbrille**	sunglasses ˈsʌnglɑːsɪz
der	**Sonnenschein**	sunshine ˈsʌnʃaɪn
	sonnig	sunny ˈsʌnɪ
der	**Sonntag**	Sunday ˈsʌndeɪ
	sonst (noch)	else els
	Sonst noch etwas?	Anything else?
sich	**Sorgen machen**	to worry ˈwʌrɪ
	sorgfältig	careful ˈkeəfl
	sortieren	to sort sɔːt
die	**Soße**	sauce, dressing (Salat) sɔːs, ˈdresɪŋ
das	**Souvenir**	souvenir suːvəˈnɪə
der	**Spaceshuttle**	space shuttle ˈspeɪs ʃʌtl
die	**Spaghetti**	spaghetti spəˈgetɪ
	Spanien	Spain speɪn
	sparen	to save seɪv
der	**Spaß**	fun fʌn
	spät	late leɪt
	spazieren gehen	to go for a walk gəʊ fər ə wɔːk → to go
der	**Speck**	bacon ˈbeɪkn
die	**Speisekarte**	menu ˈmenjuː
der	**Spiegel**	mirror ˈmɪrə
das	**Spiel**	game (Gesellschaftsspiel, Wettspiel), match (Sport) geɪm, mætʃ

spielen

vacuum cleaner

	spielen	to play pleɪ
der	Spieler,	player ˈpleɪə
die	Spielerin	
das	Spielfeld	court (Tennis, Squash) kɔːt
der	Spielplatz	playground ˈpleɪgraʊnd
der	Spielstand	score skɔː
das	Spielzeug	toy tɔɪ
die	Spinne	spider ˈspaɪdə
	spitz	sharp ʃaːp
die	Spitze	tip (Finger), top (Gebäude, Berg) tɪp, tɒp
	spitzen	to sharpen ˈʃaːpn
der	Spitzer	pencil sharpener, sharpener ˈpensɪl ʃaːpnə, ˈʃaːpnə
die	Sporthose	shorts ʃɔːts
der	Sport(unterricht)	physical education ˈfɪzɪkəl edʒuˈkeɪʃən
die	Sprache	language ˈlæŋgwɪdʒ
	sprechen	to speak – spoke – spoken, to talk spiːk – spəʊk – ˈspəʊkn, tɔːk
	springen	to jump dʒʌmp
das	Springseil	skipping rope ˈskɪpɪŋ rəʊp
	sprühen	to spray spreɪ

streichen

das	**Spülbecken,** die **Spüle**	sink sɪŋk
das	**Squash**	squash skwɒʃ
die	**Stadt**	town, city (große Stadt) taʊn, 'sɪtɪ
	stampfen	to stamp stæmp
der	**Star**	star (Person) stɑː
	stark	strong, powerful strɒŋ, 'paʊəfl
die	**Station**	station 'steɪʃn
der	**Stau**	traffic jam 'træfɪk dʒæm
der	**Staubsauger**	vacuum cleaner 'vækjʊəm kliːnə
	stecken	to stick – stuck – stuck stɪk – stʌk – stʌk
	stehen	to stand – stood – stood stænd – stʊd – stʊd
	stehlen	to steal – stole – stolen stiːl – stəʊl – 'stəʊln
der	**Stein**	stone stəʊn
	stellen	to put – put – put, to set – set – set pʊt – pʊt – pʊt, set – set – set
	stempeln	to stamp stæmp
	sterben	to die daɪ
der	**Stern**	star stɑː
der	**Steward,**	steward 'stjuːəd
die	**Stewardess**	stewardess 'stjuːədɪs
der	**Sticker**	sticker 'stɪkə
der	**Stiefel**	boot buːt
der	**Stift**	pen pen
	still	quiet 'kwaɪət
die	**Stimme**	voice vɔɪs
	stoßen	to push pʊʃ
der	**Strand**	beach biːtʃ
die	**Straße**	road, street rəʊd, striːt
die	**Straßenbahn**	tram træm
	strecken	to stretch stretʃ
	streichen	to cancel (absagen), to paint (anstreichen) 'kænsl, peɪnt

Streichholz

das	**Streichholz**	match	mætʃ
der	**Streifen**	stripe	straɪp
sich	**streiten**	to argue	ˈɑːgjuː
	streng	strict	strɪkt
der	**Stress**	stress	stres
der	**Strich**	line	laɪn
der	**Strumpf**	sock, stocking	sɒk, ˈstɒkɪŋ
die	**Strumpfhose**	tights	ˈtaɪts
das	**Stück**	bit, piece	bɪt, piːs
der	**Student,**	student	ˈstjuːdənt
die	**Studentin**		
	studieren	to study	ˈstʌdɪ
die	**Stufe**	step, stair	step, steə
der	**Stuhl**	chair	tʃeə
die	**Stunde**	hour (Zeit), lesson (Unterrichtsstunde)	ˈaʊə, lesn
der	**Stundenplan**	timetable	ˈtaɪmteɪbl
der	**Sturm**	storm	stɔːm
	stürmisch	stormy	ˈstɔːmɪ
sich	**stylen**	to dress up	dres ˈʌp
	subtrahieren	to subtract	səbˈtrækt
	suchen	to look for	lʊk fɔːr
der	**Süden**	south	saʊθ
	super	super	ˈsuːpə
der	**Supermarkt**	supermarket	ˈsuːpəmɑːkɪt
die	**Suppe**	soup	suːp
	surfen	to surf	sɜːf
das	**Surfbrett**	surfboard	ˈsɜːfbɔːd
	süß	sweet	swiːt
die	**Süßigkeiten**	sweets	swiːts
das	**Sweatshirt**	sweatshirt	ˈswetʃɜːt

die	**Tafel**	blackboard ˈblækbɔːd
der	**Tag**	day deɪ
das	**Tagebuch**	diary ˈdaɪərɪ
	täglich	daily ˈdeɪlɪ
die	**Talkshow**	chat show ˈtʃæt ʃəʊ
die	**Tankstelle**	petrol station ˈpetrl steɪʃn
die	**Tante**	aunt ɑːnt
	tanzen	to dance dɑːns
die	**Tapete**	wallpaper ˈwɔːlpeɪpə
die	**Tasche**	bag, pocket (Kleidung) bæg, ˈpɒkɪt
das	**Taschengeld**	pocket money ˈpɒkɪt mʌnɪ
der	**Taschenrechner**	calculator ˈkælkjʊleɪtə
das	**Taschentuch**	handkerchief ˈhæŋkətʃɪf
die	**Tasse**	cup kʌp
die	**Tastatur**	keyboard ˈkiːbɔːd
die	**Tätigkeit**	activity ækˈtɪvɪtɪ
die	**Tätowierung**	tattoo təˈtuː
die	**Tatsache**	fact fækt
der (oder das)	**Tattoo**	tattoo təˈtuː
	tauchen	to dive daɪv
	tausend	thousand ˈθaʊznd
das	**Taxi**	taxi ˈtæksɪ
das	**Team**	team tiːm
der	**Teddybär**	teddy bear ˈtedɪbeə
der	**Tee**	tea tiː
der	**Teenager**	teenager ˈtiːneɪdʒə
der	**Teich**	pond pɒnd
der	**Teil**	part pɑːt

149

teilen

	teilen	to	divide (auf-, einteilen, dividieren), to share (Anteil haben) dɪˈvaɪd, ʃeə
das	**Telefon**		phone, telephone fəʊn, ˈtelɪfəʊn
der	**Teller**		plate pleɪt
die	**Temperatur**		temperature ˈtemprɪtʃə
das	**Tennis**		tennis ˈtenɪs
der	**Tennisschläger**		racket ˈrækɪt
der	**Teppich**		carpet ˈkɑːpɪt
der	**Test**		test test
	teuer		expensive ɪkˈspensɪv
der	**Teufel**		devil ˈdevl
der	**Text**		text tekst
das	**Theater**		theatre ˈθɪətə
das	**Thema**		subject ˈsʌbdʒɪkt
das	**Thermometer**		thermometer θəˈmɒmɪtə
das	**Ticket**		ticket ˈtɪkɪt
	ein Ticket kaufen	to	buy a ticket
	tief		deep diːp
das	**Tier**		animal ˈænɪməl
der	**Tierarzt,**		vet vet
die	**Tierärztin**		
der	**Tiger**		tiger ˈtaɪgə

150

Treffen

die	**Tinte**	ink ɪŋk
der	**Tipp**	tip tɪp
	tippen	to type (Computer) taɪp
der	**Tisch**	table 'teɪbl
die	**Tochter**	daughter 'dɔːtə
der	**Tod**	death deθ
die	**Toilette**	toilet 'tɔɪlɪt
	toll	super, terrific, great 'suːpə, tə'rɪfɪk, greɪt
die	**Tomate**	tomato tə'mɑːtəʊ
der	**Topf**	pot pɒt
das	**Tor**	gate, goal (Fußball) geɪt, gəʊl
der	**Torwart**	goal-keeper 'gəʊlkiːpə
	tot	dead ded
	töten	to kill kɪl
die	**Tour**	tour tʊə
der	**Tourist,**	tourist 'tʊərɪst
die	**Touristin**	
	tragen	to carry, to wear – wore – worn (Kleidung) 'kærɪ, weə – wɔː – wɔːn
der	**Trainer,**	trainer, coach 'treɪnə, kəʊtʃ
die	**Trainerin**	
	trainieren	to train, to practise treɪn, 'præktɪs
das	**Training**	training, exercise 'treɪnɪŋ, 'eksəsaɪz
der	**Traktor**	tractor 'træktə
die	**Träne**	tear tɪə
der	**Transport**	transport 'trænspɔːt
	transportieren	to transport træn'spɔːt
die	**Traube**	grape greɪp
der	**Traum**	dream driːm
	träumen	to dream – dreamt – dreamt driːm – dremt – dremt
	traurig	sad sæd
das	**Treffen**	meeting 'miːtɪŋ

treffen

	treffen	to	meet – met – met (begegnen), to strike – struck – struck (schlagen) miːt – met – met, straɪk – strʌk – strʌk
die	**Treppe**		stairs steəz
	treten	to	kick kɪk
der	**Trick**		trick trɪk
	trinken	to	drink – drank – drunk drɪŋk – dræŋk – drʌŋk
die	**Trinkschokolade**		drinking chocolate ˈdrɪŋkɪŋ ˈtʃɒklət
	trocken		dry draɪ
die	**Trommel**		drum drʌm
die	**Trompete**		trumpet ˈtrʌmpɪt
der	**Tropfen**		drop drɒp
der	**Truthahn**		turkey ˈtɜːkɪ
	Tschechien		Czech Republic tʃek rɪˈpʌblɪk
	tschüs		bye, bye-bye baɪ, baɪˈbaɪ
das	**T-Shirt**		T-shirt ˈtiːʃɜːt
das	**Tuch – die Tücher**		scarf – scarves (Halstuch) skɑːf – skɑːvz
	tun	to	do – did – done duː – dɪd – dʌn
der	**Tunnel**		tunnel ˈtʌnl
die	**Tür**		door dɔː
die	**Türklingel**		doorbell ˈdɔːrbel
die	**Türkei**		Turkey ˈtɜːkɪ
der	**Turm**		tower ˈtaʊə
das	**Turnen**		gymnastics, gym dʒɪmˈnæstɪks, dʒɪm
die	**Turnhalle**		gymnasium, gym dʒɪmˈneɪzɪəm, dʒɪm
die	**Turnschuhe**		trainers ˈtreɪnəz
die	**Tüte**		bag bæg

die	**U-Bahn**		underground 'ʌndəgraʊnd
	üben	to	practise, to train 'præktɪs, treɪn
	über		above, across, over ə'bʌv, ə'krɒs, 'əʊvə
	über den Wolken		above the clouds
	über die Straße		across the street
	über den Zaun		over the fence
	überall		everywhere 'evrɪweə
	überprüfen	to	check, to test tʃek, test
	überqueren	to	cross krɒs
die	**Überraschung**		surprise sə'praɪz
	übersetzen	to	translate træns'leɪt
die	**Übung**		exercise 'eksəsaɪz
die	**Uhr**		watch (Armbanduhr), clock wɒtʃ, klɒk
	drei Uhr		3 o'clock
	um		at æt
	um 2 Uhr		at two o'clock
	um ... herum		about, round, around ə'baʊt, raʊnd, ə'raʊnd
	um 11 Uhr herum (gegen 11 Uhr)		about 11 o'clock
	um den See herum		around/round the lake
	umschalten	to	switch swɪtʃ
	umziehen	to	move (Wohnung wechseln), to change (Kleider) muːv, 'tʃeɪndʒ
	und		and ænd
der	**Unfall**		accident 'æksɪdənt
	ungefähr		about ə'baʊt
das	**Ungeheuer**		monster 'mɒnstə
die	**Uniform**		uniform 'juːnɪfɔːm

Universität

die	**Universität**	university juːnɪˈvɜːsɪtɪ
	unmöglich	impossible ɪmˈpɒsɪbl
	unordentlich	messy, untidy ˈmesɪ, ʌnˈtaɪdɪ
die	**Unordnung**	mess mes
	uns	us ʌs
	unser/unsere	our ˈaʊə
	unten	below, downstairs (im Haus) bɪˈləʊ, daʊnˈsteəz
	unter	under ˈʌndə
das	**Unterhemd**	vest vest
die	**Unterhose**	pants pænts
	unterrichten	to teach – taught – taught tiːtʃ – tɔːt – tɔːt
der	**Unterschied**	difference ˈdɪfərəns
	unterstreichen	to underline ʌndəˈlaɪn
	untersuchen	to examine ɪgˈzæmɪn
die	**Untersuchung**	examination ɪgzæmɪˈneɪʃn
die	**Unterwäsche**	underwear ˈʌndəweə
der	**Urlaub**	holidays ˈhɒlɪdeɪz
der	**Urwald**	jungle ˈdʒʌŋgl

der	**Valentinstag**	St. Valentine's Day sənt ˈvæləntaɪnz deɪ
der	**Vampir**	vampire ˈvæmpaɪə(r)
der	**Vater**	father ˈfɑːðə
die	**Verabredung**	date deɪt
	verändern	to change ˈtʃeɪndʒ
	verärgert	angry, upset ˈæŋgrɪ, ʌpˈset
	verbessern	to correct (korrigieren) kəˈrekt

154

verstehen

die	**Verbindung**		link lɪŋk
	verbrennen	to	burn – burnt – burnt bɜːn – bɜːnt – bɜːnt
	verbringen	to	spend – spent – spent spend – spent – spent
	verdienen	to	earn ɜːn
das	**Vereinigte Königreich** **(Großbritannien und** **Nordirland)**		United Kingdom juːnaɪtɪd ˈkɪŋdəm
die	**Vereinigten Staaten** **von Amerika**		United States of America juːnaɪtɪd steɪts əv əˈmerɪkə
	vergessen	to	forget – forgot – forgotten fəˈget – fəˈgɒt – fəˈgɒtn
	vergleichen	to	compare kəmˈpeə
	verheiratet		married ˈmærɪd
der	**Verkauf**		sale seɪl
	verkaufen	to	sell – sold – sold sel – səʊld – səʊld
der	**Verkäufer,**		shop assistant
die	**Verkäuferin**		ˈʃɒp əˈsɪstənt
der	**Verkehr**		traffic ˈtræfɪk
der	**Verkehrsstau**		traffic jam ˈtræfɪk dʒæm
	verkehrt herum		upside down ˌʌpsaɪd ˈdaʊn
	verlassen	to	leave – left – left liːv – left – left
	verletzen	to	hurt – hurt – hurt, to injure hɜːt – hɜːt – hɜːt, ˈɪndʒə(r)
	verlieren	to	lose – lost – lost luːz – lɒst – lɒst
	vermissen	to	miss mɪs
	verrückt		crazy, mad ˈkreɪzi, mæd
	verschieden		different ˈdɪfərənt
	verstecken	to	hide – hid – hidden haɪd – hɪd – ˈhɪdn
	verstehen	to	understand – understood – understood ˌʌndəˈstænd – ˌʌndəˈstʊd – ˌʌndəˈstʊd

versuchen

	versuchen	to try traɪ
	vertrauen	to trust trʌst
der	**Verwandte,**	relative 'relətɪv
die	**Verwandte**	
das	**Video**	video 'vɪdɪəʊ
	viel/viele – mehr –	much/many – more –
	am meisten	most, a lot of mʌtʃ/'menɪ – mɔː – məʊst, ə lɒt əv
	vielleicht	maybe, perhaps 'meɪbiː, pə'hæps
	vier	four fɔː
	vierte,	fourth fɔːθ
	der/die/das **Vierte**	
das	**Viertel**	quarter 'kwɔːtə
	Viertel nach zwei	a quarter past two
	Viertel vor drei	a quarter to three
	vierzehn	fourteen fɔː'tiːn
	vierzig	forty 'fɔːtɪ
der	**Vogel**	bird bɜːd
	voll	full fʊl
der	**Volleyball**	volleyball 'vɒlɪbɔːl
	von	from, of, by frɒm, əv, baɪ
	von Mannheim nach London	from Mannheim to London
	einer/eine von uns	one of us
	ein Buch von Astrid Lindgren	a book by Astrid Lindgren
	von ... weg	off ɒf
	von der Straße (weg)	off the road
	vor	in front of, ago, before ɪn frʌnt əv, ə'gəʊ, bɪ'fɔː
	vor dem Haus	in front of the house
	vor zwei Tagen	two days ago
	vor Weihnachten	before Christmas
	vorbei	over 'əʊvə
	die Ferien sind vorbei	the holidays are over
	vorbeigehen	to pass pɑːs

wandern gehen

	vorbereiten	to prepare	prɪˈpeə
der	Vorhang	curtain	ˈkɜːtən
der	Vormittag	morning	ˈmɔːnɪŋ
	vormittags (Uhrzeit)	a.m.	eɪˈem
	10 Uhr	10 a.m.	
	vorne	in front	ɪn frʌnt
	vorsichtig	careful	ˈkeəfl
sich	vorstellen	to imagine (in Gedanken)	ɪˈmædʒɪn
die	Vorstellung	show	ʃəʊ
	vorwärts	forward, forwards	ˈfɔːwəd, ˈfɔːwədz
	vorziehen	to prefer (lieber mögen)	prɪˈfɜː

	wach sein	to be awake	əˈweɪk
	wachsen	to grow – grew – grown	grəʊ – gruː – grəʊn
die	Wahl	choice	tʃɔɪs
	wählen	to choose – chose – chosen, to dial (Telefon)	tʃuːz – tʃəʊz – ˈtʃəʊzn, ˈdaɪəl
	wahr	true	truː
	während	during	ˈdjʊərɪŋ
die	Wahrheit	truth	truːθ
der	Wal	whale	weɪl
der	Wald	forest, wood	ˈfɒrɪst, wʊd
der	Walkman	walkman	ˈwɔːkmən
die	Wand	wall	wɔːl
	wandern gehen	to go hiking	gəʊ ˈhaɪkɪŋ → to go

157

Wange

to cry

die	**Wange**	cheek tʃiːk
	wann	when wen
	war	was wɒz → to be
	ich war, er/sie/es war	I was, he/she/it was
	waren	were wɜː → to be
	wir waren, sie waren	we were, they were
	warm	warm wɔːm
	warst	were wɜː → to be
	du warst	you were
	wart	were wɜː → to be
	ihr wart	you were
	warten	to wait weɪt
	warum	why waɪ
	was	what wɒt
das	**Waschbecken**	washbasin ˈwɒʃbeɪsn
	waschen	to wash wɒʃ
die	**Waschmaschine**	washing machine ˈwɒʃɪŋ məʃiːn
das	**Wasser**	water ˈwɔːtə
der	**Wasserhahn**	tap tæp
die	**Wassermelone**	watermelon ˈwɔːtə ˈmɛlən
das	**WC**	WC (water closet) dʌbljuːˈsiː
die	**Webseite**	Web page ˈweb peɪdʒ

Weltraum

	wechseln	to	change 'tʃeɪndʒ
	wecken	to	wake – woke – woken weɪk – wəʊk – 'wəʊkn
der	Wecker		alarm clock ə'lɑːm klɒk
	weg		away, off ə'weɪ, ɒf
der	Weg		way, route, path weɪ, ruːt, pɑːθ
	weglaufen	to	run away rʌn ə'weɪ → to run
	wegwerfen	to	throw away θrəʊ ə'weɪ → to throw
	wehen	to	blow – blew – blown bləʊ – bluː – bləʊn
	wehtun	to	hurt – hurt – hurt hɜːt – hɜːt – hɜːt
	weich		soft sɒft
das	Weihnachten		Christmas 'krɪsməs
der	Weihnachtsbaum		Christmas tree 'krɪsməs 'triː
der	Weihnachtsmann		Father Christmas fɑːðə 'krɪsməs
	weil		because bɪ'kɒz
der	Wein		wine waɪn
	weinen	to	cry kraɪ
die	Weintraube		grape greɪp
	weiß		white waɪt
	weit – weiter – am weitesten		far – farther – farthest fɑː – 'fɑːðə – 'fɑːðəst
die	weiterführende Schule		secondary school 'sekəndəri skuːl
	weitermachen	to	continue, to go on kən'tɪnjuː, gəʊ 'ɒn
der	Weizen		wheat wiːt
	welcher/welche/ welches		which wɪtʃ
die	Welle		wave weɪv
der	Wellensittich		budgie 'bʌdʒi
die	Welt		world wɜːld
der	Weltraum		space speɪs

wenig

	wenig – weniger – am wenigsten	little – less – least ˈlɪtl – les – liːst
	wenige	few fjuː
	wenn	if, when ɪf, wen
	wer	who huː
	werfen	to throw – threw – thrown θrəʊ – θruː – θrəʊn
das	**Werkzeug**	tool tuːl
	wessen	whose huːz
der	**Westen**	west west
das	**Wetter**	weather ˈweðə
	wichtig	important ɪmˈpɔːtənt
	wie	how, like, as … as haʊ, laɪk, æz … æz
	Wie bitte?	Pardon?
	Wie geht es dir?	How are you?
	Wie viel …?	How much …?
	Wie viele …?	How many …?
	weinen wie ein Baby	to cry like a baby
	so groß wie	as tall as
	wieder	again əˈgen
	wiederholen	to repeat rɪˈpiːt
die	**Wiese**	meadow ˈmedəʊ
	wild	wild waɪld
	willkommen	welcome ˈwelkəm
der	**Wind**	wind wɪnd

west

160

die	**Windel**		nappy 'næpɪ
	windig		windy 'wɪndɪ
	winken	to	wave weɪv
der	**Winter**		winter 'wɪntə
	winzig		tiny 'taɪnɪ
die	**Wippe**		see-saw 'siː sɔː
	wir		we wiː
	wirklich		real, really rɪəl, 'rɪəlɪ
	wissen	to	know – knew – known nəʊ – njuː – nəʊn
der	**Witz**		joke dʒəʊk
	wo		where weə
die	**Woche**		week wiːk
das	**Wochenende**		weekend wiːk'end
	wohnen	to	live lɪv
die	**Wohnung**		flat flæt
das	**Wohnzimmer**		living room 'lɪvɪŋ ruːm
der	**Wolf – die Wölfe**		wolf – wolves wʊlf – wʊlvz
die	**Wolke**		cloud klaʊd
der	**Wolkenkratzer**		skyscraper 'skaɪskreɪpə
	wollen	to	want, will – would wɒnt, wɪl – wʊd
das	**World Wide Web**		World Wide Web wɜːld waɪd 'web
das	**Wort**		word wɜːd
das	**Wörterbuch**		dictionary 'dɪkʃənərɪ
das	**Wunder**		miracle 'mɪrəkl
	wunderbar		wonderful 'wʌndəfl
der	**Wunsch**		wish wɪʃ
	wünschen	to	wish wɪʃ
der	**Würfel – die Würfel**		dice – dice daɪs – daɪs
der	**Wurm**		worm wɜːm
die	**Wurst,** das **Würstchen**		sausage 'sɒsɪdʒ
die	**Wurzel**		root ruːt
die	**Wüste**		desert 'dezət
	wütend		angry 'æŋgrɪ

161

die **Zahl**	number	'nʌmbə
zählen	to count	kaʊnt
zahm	tame	teɪm
der **Zahn** – die **Zähne**	tooth – teeth	tu:θ – ti:θ
der **Zahnarzt**, die **Zahnärztin**	dentist	'dentɪst
die **Zahnbürste**	toothbrush	'tu:θbrəʃ
die **Zahnpasta**	toothpaste	'tu:θpeɪst
der **Zauberer**	wizard	'wɪzəd
die **Zauberei**	magic	'mædʒɪk
der **Zaun**	fence	fens
das **Zebra**	zebra	'zebrə
der **Zebrastreifen**	zebra crossing	zebrə 'krɒsɪŋ
der **Zeh**	toe	təʊ
zehn	ten	ten
zehnte, der/die/das **Zehnte**	tenth	tenθ
das **Zeichen**	sign, token	saɪn, 'təʊkn
der **Zeichenblock**	sketch-pad	'sketʃ pæd
zeichnen	to draw – drew – drawn	drɔ: – dru: – drɔ:n
die **Zeichnung**	drawing	'drɔ:ɪŋ
zeigen	to show – showed – shown	ʃəʊ – ʃəʊd – ʃəʊn
die **Zeit**	time	taɪm
die **Zeitschrift**	magazine	mægə'zi:n
die **Zeitung**	newspaper	'nju:zpeɪpə
das **Zelt**	tent	tent
zelten	to camp	kæmp
der **Zentimeter**	centimetre	'sentɪmi:tə
das **Zentrum**	centre	'sentə

zwölf

	zerreißen	to tear – tore – torn teə – tɔː – tɔːn
die	Ziege	goat gəʊt
	ziehen	to pull pʊl
das	Ziel	destination, finish (Sport) destɪ'neɪʃn, 'fɪnɪʃ
das	Zimmer	room ruːm
der	Zirkus	circus 'sɜːkəs
die	Zitrone	lemon 'lemən
der	Zoo	zoo zuː
	zu	to, too tə, tuː
	zur Schule	to school
	zu viel	too much
der	Zucker	sugar 'ʃʊgə
	zuerst	first fɜːst
der	Zug	train treɪn
das	Zuhause	home həʊm
	zu Hause	at home æt həʊm
	zuhören	to listen 'lɪsn
	zujubeln	to cheer tʃɪə
	zumachen	to close kləʊz
die	Zunge	tongue tʌŋ
	zurück	back bæk
	zurückgeben	to give back gɪv bæk
	zurückkommen	to return rɪ'tɜːn
	zusammen	together tə'geðə
	zusammenstoßen	to crash kræʃ
	zwanzig	twenty 'twentɪ
	zwei	two tuː
	zweimal	twice twaɪs
	zweite, der/die/das Zweite	second 'sekənd
der	Zwerg	dwarf dwɔːf
die	Zwiebel	onion 'ʌnjən
die	Zwillinge	twins twɪnz
	zwischen	between bɪ'twiːn
	zwölf	twelve twelv

The family

to be born
to die
to earn
to like
to live
to look like
to love
to work

grandfather
grandmother
father
uncle
aunt
cousin
Tom
cousin

butcher

factory worker

secretary

doctor

Die Familie

grandpa
grandparents
grandma
uncle
aunt
mother
sister
cousin

divorced
grown-up
married
old
young

baby
brother
child
daughter
parents
son

cook

baker

gardener

hairdresser

Food and drink

to bake
to choose
to cook
to cut
to drink
to eat
to hate
to love
to mix
to taste

The year

snow
Christmas tree
presents
Christmas

winter
ice
New Year's Eve

- to blow
- to celebrate
- to decorate
- to give
- to rain
- to shine
- to snow
- to wish

pumpkin
skeleton
Halloween

cloud
Thanksgiving
autumn

summer
sunshine
holidays/vacation

Besondere Wörter

In jeder Sprache gibt es Wörter, die besonders wichtig sind. Und es gibt Wörter, die etwas schwierig zu lernen sind. Solche wichtigen und schwierigen englischen Wörter findest du auf den nächsten Seiten. Sie stehen hier noch einmal alle zusammen, damit du sie dir besser einprägen kannst.

Zahlen

1	one	20	twenty
2	two	21	twenty-one
3	three	30	thirty
4	four	40	forty
5	five	50	fifty
6	six	60	sixty
7	seven	70	seventy
8	eight	80	eighty
9	nine	90	ninety
10	ten		
11	eleven	100	one hundred
12	twelve	101	one hundred and
13	thirteen		one
14	fourteen		
15	fifteen	1000	one thousand
16	sixteen	1100	one thousand one
17	seventeen		hundred
18	eighteen		
19	nineteen	1 000 000	one million

1.	1st (first)		6.	6th (sixth)
2.	2nd (second)		7.	7th (seventh)
3.	3rd (third)		8.	8th (eighth)
4.	4th (fourth)		9.	9th (ninth)
5.	5th (fifth)		10.	10th (tenth)

Tageszeiten

two o'clock

a quarter past two

half past two

a quarter to three

Wörter, die ausdrücken, wo etwas ist (Verhältniswörter)

in   on   under

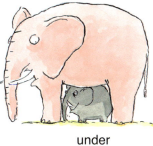

between

behind

in front of

outside

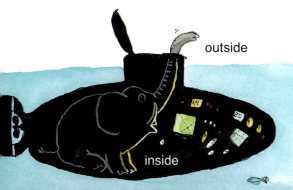
inside

Pronomen

Pronomen sind Wörter, die Nomen ersetzen.

Personalpronomen

ich	I	me	mich, mir
du/Sie	you	you	dich, dir/Sie, Ihnen
er/sie/es	he/she/it	him/her/it	ihn, ihm/sie, ihr/es, ihm
wir	we	us	uns
ihr/Sie	you	you	euch/Sie, Ihnen
sie	they	them	sie, ihnen

He und **she** kann für Personen oder Tiere stehen, **it** nur für Dinge.

I can see you.   Do you know him?   He likes her.

Possessivpronomen

Diese Pronomen zeigen an, wem etwas gehört.

	my	mein	
	your	dein/Ihr	
	his/her/its	sein/ihr	
	our	unser	
That's	your	euer/Ihr	cat.
	their	ihr	name.

That's my cat.   No, she's our cat.

Schwierige Veränderungen bei Nomen

Die meisten Nomen haben in der Mehrzahl ein **s**, z. B. **girl – girls, boy – boys**. Bei einigen Nomen wird die Mehrzahl anders gebildet.

child	Kind	**children**	Kinder
deer	Hirsch	**deer**	Hirsche
dice	Würfel	**dice**	Würfel
fish	Fisch	**fish**	Fische
foot	Fuß	**feet**	Füße
goose	Gans	**geese**	Gänse
half	Hälfte	**halves**	Hälften
knife	Messer	**knives**	Messer
leaf	Blatt	**leaves**	Blätter
life	Leben	**lives**	Leben
man	Mann	**men**	Männer
mouse	Maus	**mice**	Mäuse
scarf	Schal	**scarves**	Schals
sheep	Schaf	**sheep**	Schafe
shelf	Regal	**shelves**	Regale
thief	Dieb	**thieves**	Diebe
tooth	Zahn	**teeth**	Zähne
wife	Ehefrau	**wives**	Ehefrauen
wolf	Wolf	**wolves**	Wölfe
woman	Frau	**women**	Frauen

Unregelmäßige Veränderungen bei Verben

Deutsche und englische Verben ändern in der Vergangenheit ihre Formen. Bei den meisten englischen Verben sieht das so aus:
ask (fragen), I asked (ich fragte), I have asked (ich habe gefragt).
Bei vielen wichtigen Verben sind die Vergangenheitsformen unregelmäßig, z. B. bei
eat (essen), I ate (ich aß), I have eaten (ich habe gegessen).

be	was, were	been	sein
have	had	had	haben
begin	began	begun	anfangen, beginnen
bite	bit	bitten	beißen
blow	blew	blown	blasen, wehen
break	broke	broken	brechen, kaputtmachen
bring	brought	brought	bringen
build	built	built	bauen
burn	burnt	burnt	brennen, verbrennen
buy	bought	bought	kaufen
catch	caught	caught	fangen
choose	chose	chosen	wählen, auswählen
come	came	come	kommen
cost	cost	cost	kosten
cut	cut	cut	schneiden
do	did	done	tun
draw	drew	drawn	zeichnen
dream	dreamt	dreamt	träumen
drink	drank	drunk	trinken
drive	drove	driven	fahren (als Fahrer)
eat	ate	eaten	essen, fressen
fall	fell	fallen	fallen
feed	fed	fed	füttern
feel	felt	felt	fühlen

fight	fought	fought	kämpfen
find	found	found	finden
fly	flew	flown	fliegen
forget	forgot	forgotten	vergessen
freeze	froze	frozen	frieren, gefrieren
get	got	got	bekommen
give	gave	given	geben
go	went	gone	gehen
grow	grew	grown	wachsen
hang	hung	hung	hängen
hear	heard	heard	hören
hide	hid	hidden	verstecken
hit	hit	hit	schlagen
hold	held	held	halten
hurt	hurt	hurt	wehtun, verletzen
keep	kept	kept	behalten, aufbewahren
know	knew	known	wissen
leave	left	left	(zurück)lassen, verlassen
let	let	let	lassen
lie	lay	lain	liegen
light	lit	lit	anzünden
lose	lost	lost	verlieren
make	made	made	machen
mean	meant	meant	bedeuten, meinen
meet	met	met	treffen
pay	paid	paid	bezahlen
put	put	put	legen, stellen
read	read	read	lesen
ride	rode	ridden	reiten, fahren
ring	rang	rung	klingeln, anrufen
rise	rose	risen	aufsteigen, aufgehen
run	ran	run	rennen, laufen
say	said	said	sagen
see	saw	seen	sehen
sell	sold	sold	verkaufen

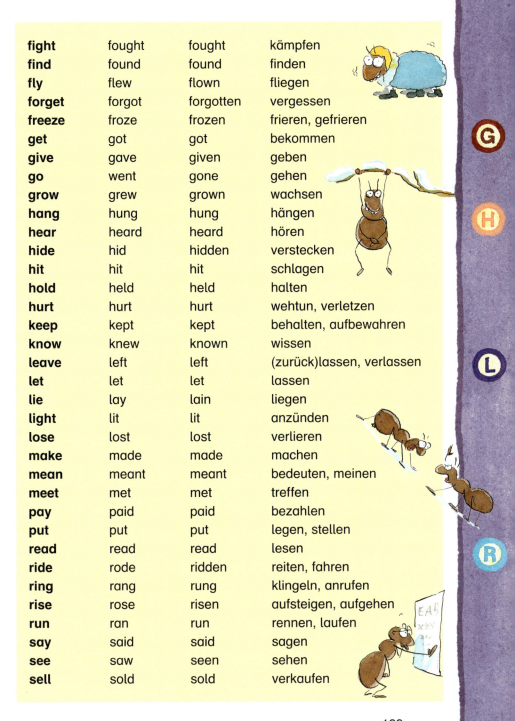

send	sent	sent	schicken, senden
set	set	set	legen, stellen
shine	shone	shone	scheinen, leuchten
shoot	shot	shot	schießen
show	showed	shown	zeigen
shut	shut	shut	schließen, zumachen
sing	sang	sung	singen
sit	sat	sat	sitzen
sleep	slept	slept	schlafen
smell	smelt	smelt	riechen, duften
speak	spoke	spoken	sprechen
spell	spelt	spelt	buchstabieren
spend	spent	spent	ausgeben, verbringen
stand	stood	stood	stehen
steal	stole	stolen	stehlen
stick	stuck	stuck	stecken, kleben
strike	struck	struck	schlagen, treffen
swim	swam	swum	schwimmen
take	took	taken	nehmen
teach	taught	taught	unterrichten
tear	tore	torn	zerreißen
tell	told	told	sagen, erzählen
think	thought	thought	meinen, denken
throw	threw	thrown	werfen
understand	understood	understood	verstehen
wake (up)	woke (up)	woken (up)	wecken (aufwachen)
wear	wore	worn	anhaben, tragen
win	won	won	gewinnen
write	wrote	written	schreiben
can	could		können
may	might		dürfen
must	had to		müssen
shall	should		sollen
will	would		wollen, werden

Regelmäßige und unregelmäßige Adjektive

Kurze Adjektive werden so gesteigert: small (klein), smaller (kleiner), smallest (am kleinsten). Längere meist so: beautiful (schön), more beautiful (schöner), most beautiful (am schönsten). Aber in einigen Fällen sind sie auch ganz unregelmäßig.

good/well	better	best	gut
bad	worse	worst	schlecht
much/many	more	most	viel
little	less	least	wenig

Farben

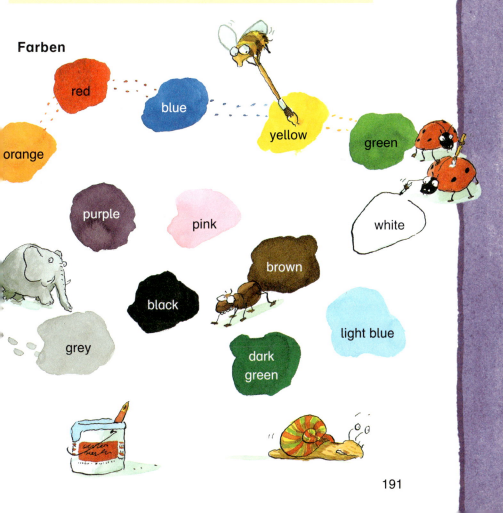

- red
- blue
- yellow
- green
- orange
- purple
- pink
- white
- brown
- black
- grey
- dark green
- light blue